Arman Samary

POTENZIAL
Persönlichkeit

Die besten **Methoden** der
Persönlichkeitsentwicklung und
ihre **konkrete Umsetzung** für
ein stärkeres **Selbstbewusstsein**

Haftungsausschluss:
Die Ratschläge im Buch sind sorgfältig erwogen und geprüft. Alle Angaben in diesem Buch erfolgen ohne jegliche Gewährleistung oder Garantie seitens des Autors und des Verlags. Die Umsetzung erfolgt ausdrücklich auf eigenes Risiko. Eine Haftung des Autors bzw. des Verlags und seiner Beauftragten für Personen-, Sach- und Vermögensschäden oder sonstige Schäden, die durch die Nutzung oder Nichtnutzung der Informationen bzw. durch die Nutzung fehlerhafter und/oder unvollständiger Informationen verursacht wurden, ist ausgeschlossen. Verlag und Autor übernehmen keine Haftung für die Aktualität, Richtigkeit und Vollständigkeit der Inhalte und ebenso nicht für Druckfehler. Es kann keine juristische Verantwortung und keine Haftung in irgendeiner Form für fehlerhafte Angaben und daraus entstehende Folgen vom Verlag bzw. Autor übernommen werden.

Sollte diese Publikation Links auf Webseiten Dritter enthalten, so übernehmen wir für deren Inhalte keine Haftung, da wir uns diese nicht zu eigen machen, sondern lediglich auf deren Stand zum Zeitpunkt der Erstveröffentlichung verweisen.

Bibliografische Informationen der Deutschen Nationalbibliothek

Die Deutsche Nationalbibliothek verzeichnet diese Publikation in der Deutschen Nationalbibliografie; detaillierte bibliografische Daten sind im Internet über http://dnb.dnb.de abrufbar.

1. Auflage 2023
© 2023 by Remote Verlag, ein Imprint der Remote Life LLC, Oakland Park, US
Alle Rechte vorbehalten. Vervielfältigung, auch auszugsweise, nur mit schriftlicher Genehmigung des Verlags.

Redaktion: Melanie Krauß
Lektorat und Korrektorat: Katrin Gönnewig, Markus Czeslik
Umschlaggestaltung: Zarka Bandeira
Satz und Layout: Zarka Bandeira
Abbildungen im Innenteil: © Arman Samary

ISBN Print: 978-1-955655-70-5
ISBN E-Book: 978-1-955655-71-2
www.remote-verlag.de

Danksagung

Ich bedanke mich bei allen Menschen, die mich direkt oder indirekt an diesen Ort hier und heute gebracht haben, egal ob Autoren, deren Bücher ich gelesen habe, Mentoren, deren Rat ich befolgt habe, Freunde, die mich inspiriert, oder Gegenspieler, die mich motiviert haben. Ohne euch wäre mein Leben nicht so verlaufen, wie es ist, und ich hätte niemals das machen können, was ich heute mache. Dennoch gebührt einigen Menschen besonderer Dank in meinem Leben.

Danke an meine Lebensgefährtin, die mich bei allem unterstützt und mir immer die Kraft gibt, weiterzumachen. Ohne dich wäre ich nicht der, der ich heute bin, denn du bist fast immer die Quelle jeder guten Idee, die ich habe, und die Person, mit der ich am liebsten die Früchte meiner Arbeit teile. Danke für alles, was du für unser gemeinsames Leben tust.

Danke an meine Eltern und meinen Bruder, die schon immer mehr auf sich genommen haben, als ich jemals erwarten kann, um mir die besten Chancen zu ermöglichen. Es sind eure Erziehung und Unterstützung, die mir das Fundament gegeben haben, mein Leben so aufzubauen, wie ich es getan habe.

Danke an meine Freunde, die sich die Zeit genommen haben, etliche Kapitel dieses Buches durchzugehen und mir dabei zu helfen, diese zu verbessern.

Und zu guter Letzt: Danke an jeden Menschen, der an der Produktion dieses Buches beteiligt war. Ich habe bereits seit der Kindheit eine Rechtschreibschwäche. Meine Texte zu korrigieren, ist eine Mammutaufgabe, das weiß ich. So bin ich unendlich dankbar, euch zu haben.

Inhaltsverzeichnis

DANKSAGUNG	3
VORWORT	9
Die Reise zu diesem Buch	
0. HOW TO READ	12
1. DIE GRUNDIDEE	14
2. UNSERE WELT	16
3. ZEIT UND ENERGIE	20
4. FORMEN DES LERNENS	23
Unbewusstes Lernen	23
Bewusstes Lernen	23
Iteratives Lernen	24
5. PLANUNG	25
Gewinner: die Woche	26
Die Felder des Lebens	26
Das Fundament der Planung	27
Die Besonderheit zu Punkt 3 und 4	30
Die Musterwoche	33
Richtige Energieplanung	33

6. ZIELE	34
Ebenen des Handelns	36
Die Prozessebene	36
Die Identitätsebene	39
7. GEWOHNHEITEN	43
Wie Gewohnheiten entstehen	44
Das Gewohnheitstagebuch	47
Tracking	50
Gewohnheiten löschen	53
8. AUFGABENMANAGEMENT	55
Eisenhower-Methode	56
Listen	63
Orte	63
Zeit	64
Energie	65
Vielleicht- und Highlight-Liste	66
Projekte	68
Die Schritte eines Projekts	72
Slow und Fast Burner	73

9. LERNEN	76
Second Brain	77
Aufbau deines Second Brain	79
Journaling	89
Mein Monatsrückblick	90
Die Jahresauswertung	97
10. PERSÖNLICHKEITEN	99
Persönlichkeitstests	100
Erklärung von Persönlichkeitstests	101
Umgang mit dem Ergebnis	102
Das Johari-Fenster und der blinde Fleck	102
11. KOMMUNIKATION	106
Die zwei Teile	107
Aufrichtiges Zuhören	109
In fünf Schritten zum besseren Zuhörer werden	110
12. SKILLS	115
Körpersprache lesen können	116
Verhandlungen richtig führen	123
Finanzen und Wirtschaft verstehen	131
Beziehungen verbessern	137

13. BALANCE — 143

Meditation — 149

Flow für sich nutzen — 154

Urlaub und Arbeit — 161

14. SELBSTBEWUSSTSEIN — 168

Innere Stimme — 169

Stärken und Schwächen — 173

Dein Alltagshelm – individuelle Wahrnehmung — 176

Internalität als Quelle von Wachstum — 179

Die Könige der Erfüllung — 182

15. ABSCHLUSS — 187

Über den Autor — 193

Endnoten — 194

Quellen — 195

Bücher — 195

Websites — 199

Studien — 199

Vorwort

DIE REISE ZU DIESEM BUCH

Dieses Buch ist mein Werk aus jahrzehntelangem Lernen, Optimieren und Anpassen mit nur einem Ziel: ein System zu erschaffen, das es jedem ermöglichen kann, die Dinge zu erreichen, die einem wichtig sind, ohne auf dieselben bekannten Probleme zu stoßen. Es sind schon Hunderte, wenn nicht sogar Tausende Bücher und Artikel darüber geschrieben worden: Prokrastination, Burn-out, Antriebslosigkeit, Ziellosigkeit, Verzweiflung, Misserfolg, Routinen etc.

Doch wie komme ich zu diesem Buch? Ich selbst habe mich in meinen jungen Jahren auf diese Suche begeben. Geblendet von den erfolgreichen Menschen dieser Welt, habe ich mich danach gesehnt, wie sie zu sein. Ich fing an, zu lesen. Damit meine ich keine Romane, sondern Bücher, die der Persönlichkeitsentwicklung dienen und mir dabei helfen sollen, die beste Version meiner selbst zu werden. Ich habe gehört, dass der durchschnittliche Milliardär 52 Bücher im Jahr liest, also ein Buch pro Woche. Das beeindruckte mich tief. Ich selbst verbrachte drei Monate mit demselben Buch. Es schien so fern, eines Tages so viel Zeit zum Lesen zu haben, nebenbei beruflich erfolgreich zu sein, gesundheitlich und sportlich neue Errungenschaften zu feiern und dann noch Zeit für Familie und Freunde zu finden.

Jahre später habe ich nun dieses Buch beendet und kann dir sagen, dass alles möglich ist. Doch es lief alles anders, als ich dachte. Warum habe ich also das Buch geschrieben? Ganz einfach: um dir dabei zu helfen, die Dinge, auf die es ankommt, von Anfang an richtig zu machen, und die Dinge, die dir nichts nützen, sein zu lassen. Aber vor allem möchte ich dir helfen,

POTENZIAL
Persönlichkeit

mit bewährten Methoden deinen eigenen Weg zu finden, der nicht versucht, einem Ideal gerecht zu werden, das uns tagtäglich vorgelebt wird.

Als ich anfing, mich mit Persönlichkeitsentwicklung zu beschäftigen, war ich ein einfacher Student im sechsten – und damit letzten – Semester meines Studiums. Heute kann ich sagen, dass ich nicht nur mein Studium beendet, sondern auch gelernt habe, wie ich Unternehmen in unterschiedlichen Bereichen aufbaue, Teams und Führungskräfte coache, Keynotes vor Zehntausenden halte, Start-ups zu ihrem großen Durchbruch verhelfe – und das alles, während ich eine unglaubliche Frau kennengelernt und mit ihr eine tolle Beziehung aufgebaut habe. Und ja: Ich habe auch 52 Bücher in einem Jahr gelesen, genauer 53.

Wie kam das alles, fragst du dich? Tatsächlich gab es Momente, in denen ich mich das selbst gefragt habe. In einem Jahr war ich fünfmal verreist, habe jede Woche ein Buch gelesen, körperlich in jedem Bereich neue persönliche Rekorde aufgestellt, den Umsatz meines Unternehmens verdoppelt, 25 Seminare besucht und ein halbes Dutzend Ausbildungen abgeschlossen und Zertifikate erworben. Je mehr ich mich damit beschäftigte, warum die Dinge grundsätzlich so gut liefen, umso bewusster wurde mir, dass es die vielen kleinen Gewohnheiten und Helfer waren, die das ermöglichten. Es waren die kleinen Dinge wie regelmäßige Meditationen, das tägliche Pflegen meines von mir entwickelten Journals, der Umgang mit sozialen Medien und vieles mehr. All diese Dinge kamen aber nicht auf einmal, sondern nach und nach, und ich habe sie Hunderte Male überarbeitet. Allein mein Journal, das ich nun seit Jahren ohne Unterbrechung pflege, hat mehr als 40 Versionen.

POTENZIAL
Persönlichkeit

Du bekommst in diesem Buch mein System von A bis Z, damit du nicht herumprobieren musst wie ich. Du kannst direkt dort anfangen, wo ich aktuell stehe, und zusätzlich erkläre ich dir nicht nur alle Techniken und Methoden, die du brauchst, um das System perfekt für dich zu nutzen, sondern auch das Verständnis, um es weiterzuentwickeln. Mein Wunsch ist es, dass dieses Buch der erste Schritt deiner Reise zu einer besseren Version deiner selbst ist.

Dann lass uns keine Zeit verlieren und loslegen.

Aus Gründen der besseren Lesbarkeit verzichte ich in diesem Buch auf die gleichzeitige Verwendung der Sprachformen männlich, weiblich und divers (m/w/d). Sämtliche Formulierungen gelten gleichermaßen für alle Geschlechter.

POTENZIAL
Persönlichkeit

0. How to Read

Ich habe mir viele Gedanken gemacht, wie du das meiste aus diesem Buch herausholen kannst, und mich darüber informiert, wie man am besten neue Dinge lernt und sie auch behält. Das Ergebnis ist ganz einfach: Am meisten behältst du, wenn du die Dinge selbst anwendest und sie auch anderen beibringst. Alle Kapitel führen dich in jedes neue Thema ein und werden dir im Verlauf alles schrittweise erklären und mit Geschichten und Beispielen anschaulich machen. Mit diesem Aufbau kannst du alle Themen einfach lernen. Doch nun zum praktischen Teil: Am Ende jedes Kapitels findest du meistens eine Checkliste bzw. Schritt-für-Schritt-Pläne. Diese Listen sind kurze und knackige Zusammenfassungen der gezeigten Methode und sollen dir dabei helfen, schrittweise zur Handlung geführt zu werden.

Außerdem findest du an verschiedenen Stellen im Buch QR-Codes, die dich zum jeweiligen Thema auf meiner Website führen. Dort kannst du als treuer Leser meines Buches auf eine Sammlung an Spickzetteln zugreifen, die dir die gezeigten Techniken auf praktischen Arbeitsseiten zusammenfassen. Wenn du z. B. das Kapitel «Planung» beendet hast und es kaum erwarten kannst, loszulegen, dann gelangst du mit dem QR-Code am Ende des Kapitels zu meiner Website, wo du meine Vorlage zur Wochenplanung herunterladen und direkt für dich nutzen kannst. Alle diese Spickzettel und Vorlagen sind – und bleiben – kostenlos. Mir ist es wichtig, dass du so viel wie möglich aus diesem Buch herausholen kannst.

Also, los geht's. Lies die Kapitel, verinnerliche sie und nutze die Spickzettel. Wenn du dann noch anderen Menschen die gelernten Techniken und Methoden erklärst, dann kannst du dir sicher sein, dass du die besten Lernmethoden für dich genutzt hast.

Zum Üben:

POTENZIAL
Persönlichkeit

1. Die Grundidee

Als ich mich durch die besten Bücher, die man zur Persönlichkeitsentwicklung finden kann, durchgelesen hatte, stellte ich fest, dass sich vieles wiederholt und sich manches mehr oder weniger widerspricht. Aber das größte Problem ist die Umsetzung der meisten Dinge. Mir hat ständig eine einfache Anleitung zur Umsetzung gefehlt. Liest du z. B. über den «Golden Circle» von Simon Sinek, so erklärt er dir in den meisten Büchern, «was» man erreichen kann und «warum» dies Sinn ergibt, aber es fehlt die einfache Anleitung, «wie» man die Dinge umsetzt, der Plan, der dich von deiner individuellen Ausgangslage zum Ziel bringt.

Über die Jahre habe ich eine gute Technik zur Umsetzung gefunden: Ich habe die Methoden ausprobiert und mit der Zeit kleine Verbesserungen vorgenommen, bis ich den richtigen Weg gefunden hatte, der am besten zu mir passt. Unfassbar wichtig ist es dabei, jede Kleinigkeit zu dokumentieren, um so Runde für Runde durch Testen und Optimieren den besten Weg zu finden. Auch wenn das gut klappt, ist es sehr aufwendig und braucht leider viel Zeit. Es wäre für dich und mich von Vorteil, direkt einen Weg, ein «Wie» oder eine Anleitung zu bekommen, die uns mit minimalem Aufwand zur 80-Prozent-Marke bringt. Natürlich kannst du dann weiter optimieren und für dich die beste Umsetzung der Techniken finden, doch es ist ein Fundament geschaffen, mit dem du anfangen kannst.

Was bedeutet das für dich? Du kannst mit diesem Buch durch minimalen Aufwand unglaubliche Ergebnisse in den wichtigsten Bereichen deiner persönlichen Entwicklung erzielen.

«*Potenzial Persönlichkeit*» ist das Buch, das ich damals gern als Erstes gelesen hätte: die Zusammenfassung der Erkenntnisse,

Methoden und Techniken aller führenden Menschen dieser Welt und die einfache Umsetzung dieser Methoden.

> «*Ideen zu sammeln und zu horten,
> hat noch zu keiner Veränderung geführt.*»
>
> Brandauer, Werner

Ich möchte dir aber noch einen Hinweis auf den Weg geben: Ich selbst habe all das nicht über Nacht gelernt, sondern über viele Jahre hinweg. Heute kommt es auch nach all dieser Zeit vor, dass ich mich selbst dabei erwische, wie ich manche Methoden falsch anwende, sie erneut nachschauen muss oder gänzlich vergessen habe. Ich möchte dir damit sagen, dass niemand perfekt ist und du dir die Zeit geben solltest, alles Schritt für Schritt in Ruhe zu lernen. Du hast den Vorteil, dass ich bereits die Essenz der besten Methoden für dich zusammengefasst habe. Freu dich also auf eine lange Reise, auf der du über die nächsten Monate und Jahre mit diesem Buch dein volles Potenzial entfalten wirst. Mein Wunsch ist es, dass du nicht einfach nur einmal dieses Buch liest, sondern es als Fundament deiner Persönlichkeitsentwicklung nutzt. Es wird dann der Zeitpunkt kommen, an dem du über dieses Buch hinausgewachsen bist. Bis dahin habe ich hoffentlich weitere Fortsetzungen für dich geschrieben, oder du wirst selbst auf die Suche gehen, um noch besser zu werden. Egal wie du es machst, mach es langsam und geduldig. Die größten Dinge passieren Schritt für Schritt und niemals auf einmal.

2. Unsere Welt

Wir leben in einer komischen Welt. Es gibt einfach so viel zu verarbeiten, und das aus allen Richtungen. Schon ab dem ersten Moment jedes einzelnen Tages prasselt es auf dich ein. Du wachst auf, schnappst dir dein Smartphone, das zum Laden neben dir liegt, und es geht los. Etliche Apps kämpfen mit Benachrichtigungen, Bannern und roten Zahlen um deine Aufmerksamkeit und Zeit, während sie dich gleichzeitig mit allen möglichen Informationen überfluten.

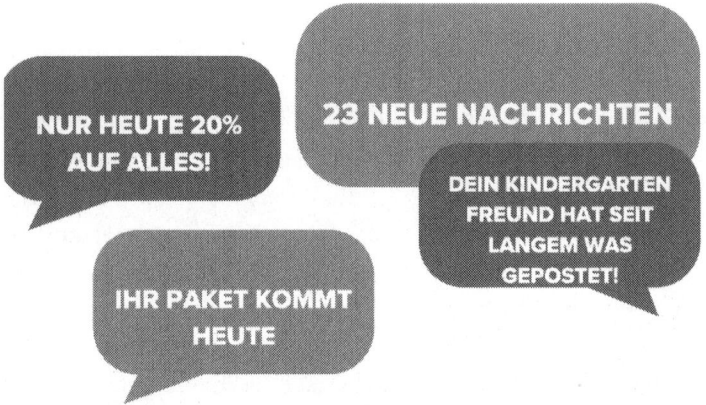

Noch bevor du dir das Gesicht gewaschen hast, hast du mehr Informationen zu verarbeiten als noch vor wenigen Jahrzehnten in einer ganzen Woche. Du trinkst den ersten Kaffee des Tages und zehn Dinge versuchen deine Aufmerksamkeit zu bekommen. Auf dem Weg zur Arbeit genauso. Und bist du erst einmal dort angekommen, erwartet dich die nächste Welle an Nachrichten auf deinem PC. So hast du nicht nur die 20 E-Mails deines privaten Accounts durchzuschauen, sondern auch die etlichen beruflichen. All diese Dinge müssen irgendwohin, also sammeln sie sich an dem einzigen Ort, an dem sie genug Platz finden: in deinem Kopf.

POTENZIAL
Persönlichkeit

Die schönen Dinge gehen dabei schnell unter, wie die ersten warmen Sonnenstrahlen im Frühling, während du mit dem Stress des Alltags zu kämpfen hast, z. B. mit den Hasskommentaren unter einem viralen Bild, dem Onlinebeitrag zu den immer schlimmer werdenden Rückenbeschwerden in der Gesellschaft, der schlimmen Wirtschaftslage, den steigenden Ölpreisen und der hohen Inflation, die dir dein Geld raubt. Gleichzeitig versuchst du, alles in deinem Kopf zu behalten, was die nächsten Tage und Wochen ansteht und du nicht vergessen darfst. Du wolltest deiner Schwester beim Umzug helfen, musst noch ein Geschenk für deinen Kumpel kaufen und schnell eine Lösung für dein Auto finden, dessen Kontrollleuchte schon wieder angegangen ist, und das genau vor dem TÜV-Termin in zwei Wochen. Doch eigentlich bist du in letzter Zeit so müde. Außerdem hat deine Onlinesuche ergeben, dass du wahrscheinlich nur noch zwei bis drei Monate zu leben hast, weil du wahrscheinlich einen Gehirntumor hast.

Du brauchst eine Pause. Aber die moderne Welt gibt dir keine. Die Informationsflut wird nicht weniger, sondern immer und immer mehr. All die Daten, welche die Menschheit im Jahr 2000 produziert hat, produziert sie voraussichtlich alle neun Minuten im Jahr 2025. Jeden Tag werden fast 300 Milliarden E-Mails versendet, 95 Millionen Instagram-Posts und genug YouTube-Material für ein Menschenleben von 82 Jahren. Während du dich durch diese Daten kämpfst, darfst du auf Social Media beobachten, wie Influencer ihr Traumleben führen und Politiker eine schlechte Entscheidung nach der anderen treffen. Rechne das alles zusammen und du wirst merken, dass ein starker Druck entsteht. Ein Druck, der dir sagt: Sei erfolgreicher, lebe gesünder, nimm mehr ab und sei gleichzeitig ein toller Lebens- oder Ehepartner!

POTENZIAL
Persönlichkeit

Am Ende des Tages bist du erschöpft, erschöpfter als eine Fliege, welche die Funktionalität eines Fensters nicht versteht. Sie sieht die Lücke nicht, um herauszufliegen, und versucht immer wieder, mit voller Kraft durch die Scheibe zu fliegen. Auch wir sehen häufig die Lücke nicht und finden uns selbst in einer Situation wieder, in der wir irgendwie mit all dem klarkommen müssen.

Vielleicht hast du deine eigene Art entwickelt, damit umzugehen. Du gehst regelmäßig zum Sport und ernährst dich toll, während du viel Zeit mit Freunden verbringst, um dir einen Ausgleich zu schaffen. Doch nicht jeder schafft das einfach so.
   Vielleicht verdrängst du es eher, machst einen Frustkauf nach dem anderen, lässt dich von allem beschallen und hoffst auf eine magische Änderung, während du von einem besseren Leben träumst. Ein Glas Wein oder ein Bier am Abend mit einer 90-minütigen Hasstirade über deinen Job oder Boss ist vielleicht dein Ventil, damit umzugehen. Ganz egal, was du machst: Es ist in Ordnung, denn die Gesellschaft hat sich so entwickelt. Nur hat uns keiner darauf vorbereitet.

Innerhalb von wenigen Jahrzehnten hat sich die moderne Technik vom ersten PC zu den unendlichen Weiten des Internets entwickelt. Es gibt nicht zu wenig Information auf der Welt, und das wird es sehr wahrscheinlich nie geben. Was aber fehlt, sind das Persönlichkeitstraining und die Fähigkeit, damit umzugehen. Unsere Eltern oder Großeltern sind in einer Zeit aufgewachsen, in der es all diese Dinge nicht gab, sodass sie uns nicht helfen können. Im Gegenteil sind sie sogar noch mehr als wir überfordert und benötigen für die modernsten technischen Neuerungen unsere Hilfe. Wir leben somit in einer Zeit, in der unsere Art zu leben sich grundsätzlich von der unserer Eltern unterscheidet. Als wäre das nicht schon genug, leben wir auch noch in einer sich so schnell ändernden Zeit, dass wir uns regelmäßig komplett neu anpassen müssen. Du hast gerade gelernt, die moderne Welt am PC zu bedienen? Toll, dann lerne es erneut, nur diesmal an einem Smartphone. In naher Zukunft müssen wir das sehr wahrscheinlich mit künstlichen Intelligenzen und smarten Brillen wiederholen.

In einer Welt, die sich ständig um uns herum ändert, bin ich da, um sie in dir zu ordnen. Denn wenn erst einmal dein Inneres geordnet ist, kann außen alles Mögliche passieren – du findest dich trotzdem zurecht. Sieh es als Werkzeuge an, mit denen du jeder neuen Herausforderung gewachsen bist. Also lass uns gemeinsam deine Werkzeugkiste mit den besten Werkzeugen füllen, die du dir vorstellen kannst. Fangen wir mit unserem wertvollsten Gut an: der Zeit.

POTENZIAL
Persönlichkeit

3. Zeit und Energie

Als Kind gehen wir mit Zeit intuitiv um. Stundenlang können wir spielen und es kommt uns vor wie Minuten. Eine 30 minütige Autofahrt hingegen erscheint uns wie eine Ewigkeit. Auch als Erwachsene haben wir unterschiedliche Wahrnehmungen von Zeit. So geht der Urlaub immer zu schnell vorbei, aber die Arbeitswoche zieht sich wieder. Wir können nur nicht ewig auf ein intuitives System für Zeit setzen. Wie wollen wir uns für einen wichtigen Termin verabreden, ohne ein System, das dafür sorgt, dass wir auch pünktlich ankommen? Einfach dem zeitlichen Gefühl zu vertrauen, das würde viele Missverständnisse kreieren. Wir wechseln also vom intuitiven Zeitmanagement zum systematischen Zeitmanagement. Ein einfacher Kalender macht da den Unterschied, weil es nicht möglich ist, einen Kalender ohne System zu pflegen. Termine haben automatisch ein Start- und ein Enddatum, eine Start- und eine Endzeit.

Doch wie gehen wir mit unserer Energie um? Leider gehen wir damit ein Leben lang intuitiv um. In meiner Zeit als Teamleiter eines mittelgroßen Vertriebsteams wurde mir diese Lektion zum ersten Mal bewusst. Ich hielt es für eine gute Idee, meinem Team die Möglichkeit zu geben, Termine in meinen Kalender einzutragen, und schaltete diesen daher frei. Das sollte Zeit sparen und es allen einfacher machen, meine Zeit effizient zu nutzen, ohne sich absprechen zu müssen. Von den vielen Doppelbelegungen abgesehen, stellte ich ein zweites Problem fest, mit dem ich nicht gerechnet hatte: Energiemanagement. Natürlich passen in meinen Kalender fünf Termine in Folge, die jeweils ein bis zwei Stunden dauern. Das heißt aber nicht, dass ich auch die Energie für diese fünf Termine habe. Die ersten zwei werden gut, beim dritten lasse ich in der

Leistung nach und schon beim vierten Termin passieren mir Fehler. Ich verwechsele Namen, habe eine trockene Stimme, vergesse wichtige Informationen und versaue so das wichtige Verkaufsgespräch. Woran ist es jetzt gescheitert? Nicht an der Zeit, denn im Kalender war genug Platz. Es scheiterte an meiner Energie.

Selbst unsere Kommunikation dreht sich darum. Wir fragen uns: «Wie hast du geschlafen?», «Du siehst aber müde aus!», «Da strahlt ja jemand heute!» und beschreiben damit das Energieniveau des anderen. Wir beweisen damit nur, dass wir unsere Energie nicht ganz beherrschen und es dem Zufall überlassen, wie viel Energie wir haben. Dabei können wir Energiemanagement. Wir können es sogar richtig gut. Jeden Tag aufs Neue beweisen wir es uns mit unserem Smartphone. Wir laden es abends auf, sodass wir mit 100 Prozent in den Tag starten. Haben wir nicht genug Akku übrig, um durch den Tag zu kommen, nehmen wir ein Kabel mit oder fragen Arbeitskollegen danach. Das ist für uns ganz normal. Bezüglich unserer eigenen Energie wird uns jedoch nicht angezeigt, wie viel Prozent an Akkuleistung noch übrig sind. Natürlich macht es das schwerer, aber nicht unmöglich. Denn unser Körper teilt uns permanent mit, ob wir noch fit sind.

Wenn die Akkuleistung bei unserem Smartphone knapp wird, dimmen wir z. B. die Helligkeit, schalten den Flugmodus ein oder beenden Apps, die im Hintergrund noch laufen. Auf diese Weise nutzen wir die restliche Energie optimal. Wir schauen nicht, wie viele Stunden der Tag noch hat und was wir in dieser Zeit mit dem Smartphone alles machen können. Doch genau so planen wir meistens unsere Tage, Wochen und Monate.

Wir fokussieren uns nur darauf, ob genug Zeit ist, die Dinge zu tun, und nicht darauf, ob wir genug Energie, Willenskraft und Disziplin für diese Dinge haben. Das Ergebnis ist klar: Wir fassen jedes Jahr neue Vorsätze, und schon am 19. Januar halten wir uns nicht mehr daran. Wenn wir stets nur die Zeit, nicht aber unsere Energie im Blick haben, erledigen wir nur das, was erledigt werden muss. Das hat verheerende Folgen. Warum das so ist, erfährst du im Kapitel über Prioritäten.

Plane also, wann immer du kannst, nach Energie und nicht nur nach Zeit.

Das ist der Nummer-eins-Schwachpunkt von allen Teams und Führungskräften, die ich über die Jahre coachen durfte: Sie haben eine volle Woche mit den unterschiedlichsten Terminen und Aufgaben ohne die Energie, sie auch so auszuführen.

Doch wie messen wir unsere Energie? Denn vieles hat nicht nur mit der reinen Energie zu tun, sondern auch mit der Stimmung. Es reicht nicht aus, uns als einen großen Akku zu betrachten, dessen Strom wir über den Tag verteilen sollen. Wir müssen auch unsere Stimmung und Emotionen berücksichtigen.

Bevor ich dir zeige, wie du deine Energie planen kannst, müssen wir uns erst einmal aneignen, wie wir am besten lernen und planen können.

4. Formen des Lernens

Ich habe über die Jahre drei Arten zu lernen gefunden und möchte sie dir jetzt zeigen.

UNBEWUSSTES LERNEN

Die erste Form des Lernens ist das unbewusste Lernen. Leider ist das die ineffizienteste Form, die aber am meisten praktiziert wird. Hierbei erwartet man, dass sich die Erkenntnisse ganz unbewusst im Laufe der Zeit einstellen. Das unbewusste Lernen ist eine passive Form des Lernens. Wir müssen uns also nicht anstrengen, um zu lernen. Sie läuft ähnlich wie das Atmen im Hintergrund ab, ohne dass wir es merken. Jeder kennt das eine Lied, das man auswendig mitsingen kann, weil es seit Wochen im Radio hoch- und runterläuft, oder das Intro der Lieblingsserie, das man aus 50 Metern Entfernung im Schaufenster des Elektromarktes erkennt. Diese Dinge haben wir unbewusst gelernt. Wir haben nicht versucht, das Lied auswendig zu lernen oder das Intro mit all seinen Szenen im Kopf abzuspeichern. Es ist einfach passiert.

BEWUSSTES LERNEN

Die zweite Form des Lernens ist das bewusste Lernen. Das ist die am häufigsten gewählte Form, wenn wir uns vorbereiten wollen. Jeder, der bereits eine Klausur oder Abschlussprüfung geschrieben oder eine wichtige Präsentation gehalten hat, weiß, was ich meine. Wir versuchen, uns Dinge einzuprägen, sodass wir sie im richtigen Moment bewusst abrufen können. Dies machen wir bewusst und so kostet uns diese Form des Lernens auch Anstrengung. Wir glauben, diese Form sei die beste, um Dinge zu lernen, jedoch behaupte ich, dass dies nicht der Fall ist.

ITERATIVES LERNEN

Beim iterativen Lernen geht es darum, durch Versuch, Test und darauffolgende Anpassung zu lernen. Du kennst diese Form häufig aus dem Sport. Tänzer z. B. probieren meistens eine schwierige Schrittfolge aus, scheitern daran und versuchen es einfach erneut, allerdings leicht modifiziert, sodass die Chance steigt, es richtig auszuführen. Im Gegensatz zur unbewussten Form lernen wir hier bewusst. Nach jedem misslungenen Versuch ändern wir ein kleines Detail und probieren es erneut. Das wiederholen wir so lange, bis wir genau das gelernt haben, was wir lernen wollten. Die Anpassung ist dabei meistens zufällig gewählt. Diese dritte Form des Lernens ist, wie uns die Evolution zeigt, die beste Form, denn alles Leben ist hierdurch entstanden. Eine DNA-Sequenz wird ausprobiert, schlägt fehl und wird dann – leicht angepasst – erneut an den Einflüssen der Umwelt getestet. Dies wird so lange fortgesetzt, bis eine Variante entstanden ist, die allen Einflüssen trotzt. Genauso bietet sich diese Methode an, dir bei deiner Planung zu helfen. Jedes Mal, wenn du planst, beziehst du die Erkenntnisse vom letzten Mal mit ein.

POTENZIAL
Persönlichkeit

5. Planung

Du musst wissen, dass wir Menschen nicht für präzise Zeitplanung geschaffen sind. Unsere Vorfahren haben keine Benachrichtigung von ihrem Google-Kalender bekommen, die ihnen mitgeteilt hat, dass jetzt Zeit für die Mammutjagd ist. Ich habe mich also gefragt, wie ich meine Zeit am besten planen kann. Nach vielem Probieren habe ich mich für den Wochenplan entschieden. Doch warum habe ich die Woche als beste Planungseinheit gewählt?

Stell dir vor, wir würden das ganze Jahr planen und damit arbeiten. Unser Blick auf die Dinge wäre von viel zu weit oben. So weit, dass unsere Motivation oftmals nicht ausreicht, die geplanten Projekte auch anzugehen. Nehmen wir noch einmal die berühmten Neujahrsvorsätze: Warum halten wir sie meist nur zwei Wochen ein? Die Antwort ist logisch: Wenn ich das Jahr plane, dann ist es viel zu einfach, zu sagen: «Ich mache das einfach im/in der nächsten *hier beliebigen Zeitraum einsetzen*.»

Beim Monat ist es leider nicht besser. Auch da habe ich nach kurzer Zeit festgestellt, dass meine produktivste Zeit die mittleren zwei Wochen jedes Monats sind. Der Grund dafür ist simpel: Am Anfang des Monats dachte ich mir, dass ich noch den ganzen Monat Zeit habe. Nach der ersten Woche sollte ich dann langsam etwas tun und legte mich erst Mitte des Monats richtig ins Zeug. Nur um festzustellen, dass ich früher hätte anfangen sollen. Ich stemple am Ende des Monats den Monat als verloren ab und warte auf den neuen Start im nächsten Monat.

Dann planen wir doch einfach jeden Tag einzeln. Jetzt haben wir aber einen Feind, der alles daransetzt, dass unser Plan nicht aufgeht: das Schicksal. Immer wenn etwas klappen muss, kommen Dinge dazwischen, die genau das verhindern: Auto springt nicht an, Stau, Tank leer, Termin abgesagt, Mitarbeiter krank, Meeting überzogen, verschlafen etc. Ein Tag ist zu unflexibel. Da wir nicht alles beeinflussen können, habe ich in der Zeit, in der ich Tagespläne gemacht habe, festgestellt, dass ich mich viel zu häufig aufgeregt und meinen Plan ständig aktualisiert habe. Das hat mich mehr Arbeit gekostet, als es mir erspart hat.

GEWINNER: DIE WOCHE

Es bleibt die Woche. Die Woche ist perfekt geeignet für eine Planung. Ich erkläre dir auch, warum: Die Woche ist so kurzfristig, dass wir den Fokus behalten können, aber dennoch so lang, dass wir genug Flexibilität für die Spontaneität des Alltags haben. So kannst du dir in allen Feldern deines Lebens die wichtigsten Aufgaben vornehmen und auch ausführen und im Notfall auch mal Dinge verschieben.

DIE FELDER DES LEBENS

Eben habe ich das erste Mal die Felder deines Lebens erwähnt. Du fragst dich sicher, was ich damit meine. Bei den Feldern handelt es sich um alle Bereiche in deinem Leben, in denen du dich tagtäglich bewegst. Wir alle haben nicht nur eine einzelne Rolle in unserem Leben, der wir gerecht werden müssen, und so ist es für die Balance wichtig, stets alle Felder zu bedienen, um ein erfülltes Leben zu führen. Durch meine Erfahrung mit meinen Mitarbeitern habe ich festgestellt, dass wir alle zwischen fünf und zehn Felder haben, in denen wir agieren sollten. So hat ein Student beispielsweise die Felder: Student, privat, Beziehungen, Nebenjob, Gesundheit. Ein Unternehmer dagegen: privat, Beziehungen, *Unternehmen* operativ, *Unternehmen* Strategie, Familie, Gesundheit.

Du siehst, es existieren Ähnlichkeiten, aber auch Unterschiede, die zu den unterschiedlichen Aufgabenbereichen Bezug nehmen. Erst wenn wir uns unsere Felder im Leben bewusst machen, können wir auch an allen arbeiten, um ein ausgeglichenes Leben zu führen. Dazu ist es enorm wichtig, auf wöchentlicher Ebene alle Bereiche und die wichtigsten Aufgaben in diesen Bereichen zu bedienen. Es ist völlig in Ordnung, wenn sich diese Felder im Lauf der Zeit immer mal wieder verändern, jedoch bleiben sie meistens über größere Zeiträume bestehen.

DAS FUNDAMENT DER PLANUNG

Dir aktiv über alle Lebensfelder bewusst zu sein, ist das Fundament meines Planungssystems für dich. Das setzt in erster Linie voraus, dass du dich mit deinen Feldern auseinandersetzt und nicht nur erkennst, welche Felder du in deinem Leben hast, sondern auch erkennst, welche du in deinem Leben gern haben willst und welche nicht.

Ich kann dir dazu empfehlen, dir einen ruhigen Nachmittag auszusuchen und dich mit dir und deiner klassischen Woche zu beschäftigen. Schreibe deine Gedanken auf und versuche, dabei zu erkennen, welche Rollen du im Lauf der Woche eingenommen hast. Wenn es dir schwerfällt, einige Rollen zu benennen, dann ist das nicht schlimm. Versuche zunächst, die Aufgaben aufzuschreiben, die du erledigt hast, um dann darin Muster zu erkennen.

Hast du deine Felder erkannt, schreibst du sie auf. Keine Sorge, sie sind nicht in Stein gemeißelt. Genauso, wie wir uns hoffentlich stetig weiterentwickeln, wirst du auch neue Rollen einnehmen und damit neue Felder haben, in denen du aufgehen kannst. Von alten Feldern kannst du dich dann je nach Belieben trennen, genauso wie von Phasen deines Lebens.

Der erste Schritt in jeder Wochenplanung besteht darin, auf die vergangene Woche zu schauen und daraus Erkenntnisse für die kommende Woche zu ziehen. Ziel ist es, die dritte Form des Lernens so gut wie möglich zu nutzen.

1. RÜCKBLICK
Jede Woche sollst du dir genau zwei Fragen stellen:

a. Was lief in der letzten Woche besonders gut?
b. Was lief in der letzten Woche besonders schlecht?

Hierbei ist es wichtig, dass du nicht die Dinge aufzählst, die dir Spaß oder dich traurig gemacht haben, sondern dass du beurteilst, was gut und was nicht so gut geplant war. Schau auf deinen Kalender und suche nach nicht erfüllten Aufgaben oder viel zu knapp gelegten Terminen. Genauso suche aber auch die Tage, die perfekt geplant waren und genau nach Plan abliefen und an denen du nicht nur produktiv warst, sondern auch noch voller Energie. Diese Tage musst du genauer unter die Lupe nehmen, denn darin stecken die Erkenntnisse, aus denen du für die kommende Woche lernen kannst. Nutze dafür dein Notizbuch und schreibe alles detailliert hinein, sodass du immer weißt, was du genau gemeint hast.

Erinnere dich: Ziel ist es, dass du die dritte Form des Lernens nutzt. Ausprobieren und immer wieder verändern. Jetzt kommt aber das Besondere hinzu: Für die kommende Woche planst du ja deine Termine nicht mit einem Zufallsgenerator, der alle deine Aufgaben willkürlich in die Woche legt, sondern du überlegst bewusst, wie du deine Woche gern planen würdest. Hierbei nutzt du alle Erkenntnisse der vorherigen Woche. Das sorgt dafür, dass du nicht nur die dritte Form des Lernens nutzt, sondern auch die zweite zugleich. Du lernst und planst bewusst deine Woche und optimierst und testest im Wochentakt neue Dinge, die deine Woche besser machen als die letzte. Zum Beispiel stellst du fest, dass du es in der Woche zuvor nicht zum Sport geschafft hast, weil du immer nach der Arbeit zu fertig warst. Mit dieser Erfahrung planst du dir in der kommenden Woche ein, morgens vor der Arbeit zum Sport zu gehen. So wird deine Woche in kurzer Zeit immer besser und du schaffst mehr denn je, ohne geschafft zu sein.

2. FELDER

Nun geht es darum, dass du – wie zuvor erklärt – deine Felder aufschreibst. Nutze dafür die Vorlage am Ende des Buches. Hierbei ist es wichtig, dass du kontrollierst, ob deine Felder noch zutreffend sind. Manchmal sind Felder nicht mehr relevant und wir sollten sie nicht mehr einplanen. Andere Male gibt es neue Felder, denen wir gerecht werden müssen. Prüfe also, welche Felder in der neuen Woche essenziell sind und welchen Feldern du noch gerecht werden möchtest.

3. AUFGABEN

Jetzt geht es los. Überlege dir für jedes Feld deines Lebens, welche Aufgaben in der kommenden Woche erledigt werden müssen. Diese schreibst du neben das jeweilige Feld deines Lebens in die Vorlage. Versuch hierbei, nicht zu detailliert vorzugehen, aber auch nicht zu grob. Als Maßstab sollten drei bis fünf Aufgaben pro Feld dienen. So kannst du alles noch einfach überblicken und übernimmst dich nicht, schaffst jedoch auf die Woche gesehen sehr viel. Nimm dir für diesen Schritt genug Zeit. Denn Ziel ist es, dass du nicht irgendwelche Aufgaben aufschreibst, sondern die wichtigsten. Höre dir dazu am besten meinen Podcast «Mindity» an (Folge: «Wie du nicht mehr nur Notfälle löst»).

Ich will, dass du produktiv bist und in jedem Feld die eine Sache machst, die dich dem nächsten Schritt näher bringt. Du sollst also nicht einfach nur in dem Feld beschäftigt sein, sondern auch die Ergebnisse produzieren, die für das Feld wichtig sind.

2. PLANUNG

Kommen wir zum letzten und wichtigsten Schritt: Jetzt planst du für all deine Aufgaben Zeit ein. Blocke wirklich für jede Aufgabe die Zeit, die du brauchst, um sie zu erledigen. Hierbei beachtest du alles zuvor Gelernte. Schau also in dein Notizbuch mit deinen Erkenntnissen aus deinen Rückblicken und plane die neuen Aufgaben so ein, dass die kommende Woche besser läuft als die vergangene. Vermeide dabei alles, was dafür gesorgt hat, dass manche Tage in den letzten Wochen schlecht liefen, und wiederhole alle Dinge, die dafür gesorgt haben, dass Tage super abliefen. Wenn du z. B. im Feld «Gesundheit» eingeplant hast, Sport zu machen, dann suchst du jetzt den genauen Tag und die Uhrzeit aus, an dem du Sport machen wirst. Wenn du die Zeit eingeplant hast, dann machst du in der Planungsspalte deiner Vorlage neben der Aufgabe ein Kreuz, damit du weißt, dass diese Aufgabe bereits eingeplant ist.

Studien haben gezeigt, dass dieser einfache Unterschied des Aufschreibens einen erheblichen Einfluss darauf hat, ob man die Sache wirklich erledigt. Steigern konntest du das zusätzlich dadurch, dass du dir noch eine feste Zeit für die Erledigung eingeplant hast. Wir nutzen beide Techniken und sorgen so für maximalen Erfolg in deiner Woche.

DIE BESONDERHEIT ZU PUNKT 3 UND 4

Mir ist wichtig, dass du die Punkte 3 und 4 in Bezug zu deinen Feldern richtig verstehst. Du wirst sehr wahrscheinlich die Felder «Beziehungen», «Freunde», «Familie» etc. haben. Allerdings tun wir uns zunächst damit schwer, unsere Freunde als «Aufgabe» einzuplanen. Es geht natürlich nicht darum, dass du deine Freunde oder Familie wie To-dos abarbeitest. Es ist mir ein großes Anliegen, dass du das verstehst. Vielmehr will ich, dass du genau diesen Menschen, die dir so wichtig sind, die Zeit widmest, die sie verdient haben, und das ohne Ablenkung.

Als ich mich in die Selbstständigkeit und später ins Unternehmertum gewagt habe, habe ich die Erfahrung gemacht, dass ich so gut wie immer arbeiten konnte. Das heißt, dass die Arbeit auch dann da ist, wenn man es nicht will. Zeit mit meiner Partnerin, meiner Familie oder meinen Freunden wurde dadurch immer und immer wieder unterbrochen von Arbeit. So habe ich gemerkt, dass es wichtig ist, mir für die Menschen in meinem Leben Zeit zu nehmen und diese Zeit auch so zu legen, dass ich mich ihnen voll und ganz widmen kann.

Ziel der Punkte 3 und 4 in Bezug zu all deinen Feldern als soziales Wesen ist es, für alle Menschen in deinem Leben, für deine Leidenschaft und alles, was dir sonst gefällt, genug Zeit zu haben und dich nicht zur Maschine zu machen.

DIE MUSTERWOCHE

Nachdem wir die Grundlagen erarbeitet haben, legen wir jetzt mit der Praxis los. Ich habe dir im Folgenden ein Musterfeld gebaut, das dir zeigen soll, wie so eine Woche aussehen kann und wie du die einzelnen Schritte genau ausführen sollst.

FELDER	AUFGABEN	Geplant	Erledigt
Gesundheit	Joggen 5 km		
	Krafttraining Brust Trizeps	☑	☑
	Krafttraining Rücken Trizeps	☑	

Das Ziel der Woche ist hier, dass ich im Feld «Gesundheit» dreimal Sport mache. Man sieht auch, dass ich bereits beide Male Krafttraining in meinem Kalender geplant habe und sogar eines davon schon erledigt habe. Joggen habe ich noch nicht geplant, weil ich noch auf die Zusage eines Freundes warte, um mit ihm zusammen zu joggen. Sobald ich die Zusage habe, mache ich einen Haken bei «geplant».

So gehe ich all meine Felder des Lebens durch und plane in jedem Bereich die wichtigsten Aufgaben ein. Wenn du feststellst, dass du zu viele Aufgaben in einem Bereich hast, dann kann das zwei Dinge bedeuten: Entweder solltest du das Feld aufteilen, weil du mehrere Bereiche deines Lebens zusammengefasst hast, die zunächst einzeln betrachtet werden sollten, oder du hast nicht nur die wichtigen Dinge eingeplant. Was ich damit meine, erfährst du im folgenden Kapitel.

RICHTIGE ENERGIEPLANUNG

Jetzt weißt du zwar, wie du deine Woche optimal planst, aber nicht, wie du auch deine Energie dabei berücksichtigst. Dafür ist es wichtig, zu verstehen, dass all diese Prozesse ewige Lernprozesse sind. Es gibt keine perfekte Energieplanung, nur das Streben nach stetiger Verbesserung. Bei der Energieplanung musst du zunächst erkennen, welche Dinge dir Energie geben und welche dir Energie nehmen. Auch hierfür ist der Zeitraum von einer Woche ausreichend. Wie bei einem Smartphone gibt es Energieverbraucher, aber auch Handlungen, die den Akku wieder vollmachen. Nimm z. B. eines deiner Hobbys: Auch wenn du in dein Werk vertieft bist und dabei konzentriert versuchst, beispielsweise als Hobbyfotograf ein unglaubliches Bild zu schießen und zu bearbeiten, so ist das eine Tätigkeit, die dir aufgrund deiner Leidenschaft Energie gibt und nicht nimmt. Ein anderer hat ein anderes Hobby – deshalb ist Energiemanagement viel individueller als Zeitmanagement. Ähnlich wie bei dem Kapitel über Gewohnheiten, das noch vor dir liegt, ist es auch hier wichtig, sich zunächst einen Überblick zu verschaffen. Nutze dafür deinen Kalender und notiere dir bei jedem Termin mit kleinen Symbolen (z. B. + und -), ob dieser ein Energieräuber oder Energiegeber war. Schnell erkennst du so, wie dein innerer Akku funktioniert, und kannst Woche für Woche dein Energieniveau besser vorhersagen und damit planen. Notiere dir gern jeden Tag, wie viel Energie du insgesamt verbraucht hast, um auch Trends zwischen den Tagen zu erkennen. Rein logisch wirst du feststellen, dass du in der Woche mehr Energie verbrauchst als am Wochenende, an dem du nicht arbeitest. Dies mag zu Beginn sehr subjektiv wirken, doch je öfter und länger du auf diese Weise planst, umso genauer werden deine Energieprognosen. Dementsprechend kannst du in jeder neuen Woche genauer planen als bei der vorhergehenden.

Also sind die Schritte wie folgt:

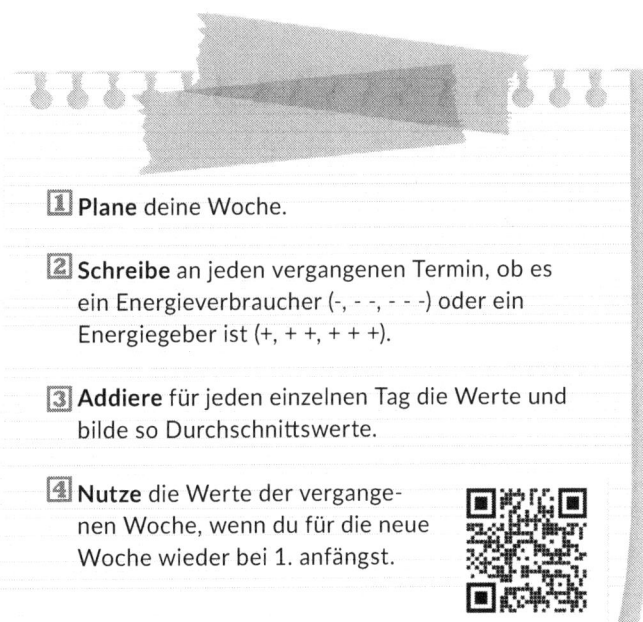

1. **Plane** deine Woche.

2. **Schreibe** an jeden vergangenen Termin, ob es ein Energieverbraucher (-, - -, - - -) oder ein Energiegeber ist (+, + +, + + +).

3. **Addiere** für jeden einzelnen Tag die Werte und bilde so Durchschnittswerte.

4. **Nutze** die Werte der vergangenen Woche, wenn du für die neue Woche wieder bei 1. anfängst.

POTENZIAL
Persönlichkeit

6. Ziele

Ich glaube, ich habe in den letzten Jahren kein Wort so häufig gehört oder gelesen wie das Wort «Ziele». Sich ein Ziel zu setzen, darauf hinzuarbeiten und es dann zu erreichen, ist einfach zu verstehen. Umso schwerer ist es, dies im Alltag umzusetzen. Und ob es wirklich die beste Methode ist, um voranzukommen, erscheint fragwürdig. Natürlich mag auch ich Ziele. Doch sie sind eher ein Werkzeug, das sein Anwendungsgebiet hat, und nicht die Lösung für jede Form von Fortschritt.

Als ich das erste Mal wirklich mit Zielen konfrontiert wurde, war ich im Studium und arbeitete nebenbei in einem Vertrieb. Ich lernte dort die Basics und fasste gerade Fuß, als ich von einem hochrangigen Manager gefragt wurde, was mein Ziel bis zum Ende des Jahres sei. Ich wusste im ersten Moment nicht, was ich antworten sollte, da ich noch keinen Monat dabei war und mir so die übrigen sechs Monate des Jahres nichts Genaues vorstellen konnte. Nach einem kurzen Moment der Stille antwortete ich: «Ich möchte eine Führungskraft sein.» Dies bedeutete, dass ich in den nächsten sechs Monaten zwei ganze Stufen aufsteigen musste.

Der Manager, damals und auch heute einer der erfolgreichsten in der Firma, wenn nicht der erfolgreichste, lächelte, schaute mich an und fragte: «Meinst du, du kannst das schaffen?» Damals wusste ich nicht, dass dieses Ziel bedeuten würde, den bestehenden Halbjahresrekord der Firma zu schlagen. Was antwortete ich also? Natürlich, dass ich topmotiviert sei und das schaffen würde.

Im Nachhinein war es mehr Glück als Verstand, dass ich dieses Ziel wirklich erreichte. Ohne die Hilfe vieler anderer wäre es niemals so möglich gewesen. Doch das war nicht die Erkenntnis aus diesem Moment. Es war die Tatsache, dass es ein perfektes Beispiel ist, wie wir mit dem Werkzeug «Ziele» umgehen.

Meistens nehmen wir dieses Werkzeug wie einen Hammer in die Hand. Auch wenn wir gerade eine Schraube eindrehen wollen, hauen wir mit dem Hammer drauf und hoffen, dass es die Lösung sei. Ich habe in meinem Leben bis zu dem Zeitpunkt keine Ausbildung dazu erhalten, wie man sich richtig Ziele setzt, und so geht es den meisten. Keiner erzählt dir, wann du dir am besten Ziele setzt, wie du dir Ziele setzt und wie du diese am besten erreichst.

Über die Jahre habe ich durch viele unterschiedliche Methoden, durch Ausprobieren und noch mehr Lesen den Umgang mit Zielen perfektioniert. Heute kann ich sagen, dass meine Antwort von damals nichts mit wirklicher Zielsetzung zu tun hatte. Mit den Zielen ist es nämlich so: Im richtigen Moment eingesetzt, helfen sie dir als perfektes Werkzeug, das Problem in kurzer Zeit zu beseitigen, und sind ein essenzieller Teil des großen Ganzen. Doch nutzt du sie falsch, verschwendest du deine Zeit und Energie, nur um am Ende festzustellen, dass du das, was du schaffen wolltest, nicht erreicht hast. Jetzt stehst du nicht nur ohne Ergebnis da, sondern bist auch traurig oder enttäuscht darüber, das Ziel nicht erreicht zu haben. Wenn du schon einmal versucht hast, eine Schraube mit einem Hammer zu drehen, dann wirst du genauso feststellen, dass du Zeit und Energie verschwendet hast, nur um mehr Schaden zu produzieren.

Alles, was wir tun, hat drei Ebenen, die zusammen funktionieren müssen, damit wir das erreichen, was wir wollen.

POTENZIAL
Persönlichkeit

EBENEN DES HANDELNS

Jahr für Jahr setzen wir uns Ziele für alles Mögliche. Sicher hast du dir auch schon mal Ziele gesetzt. Wenn ja, hast du sie auch erreicht? Meine Antworten auf diese Fragen wären damals «Ja» und «Nein» gewesen. Ich habe mir Ziele gesetzt, doch erreicht habe ich sie nicht. Das, was ich erreicht habe, waren keine wirklichen Ziele, sondern es war lediglich der nächste logische Schritt von dem, was ich ohnehin schon tue. Ich bin damit nicht der Einzige. Jedes Jahr setzen sich Tausende das Ziel, mehr Sport zu treiben und gesünder zu leben, und melden sich in Fitnessstudios an. Auf motivierte Aussagen wie: «Ich gehe ab jetzt jeden Morgen zum Sport», folgt eine wie: «Diese Woche war besonders hart. Ich versuche es nächste Woche wieder.» Dieses Phänomen ist bekannt und weit verbreitet, doch es ist nicht unsere Schuld. Es hat uns niemand beigebracht, wie wir diese Ziele auch wirklich erreichen.

Die Erkenntnis, die alles veränderte, war, dass es noch andere Dinge gibt, die funktionieren müssen, damit ich meine Ziele erreichen kann. Ziele bilden nämlich nur die oberste Ebene unseres Handelns. Es gibt noch zwei tiefer liegende Ebenen, die zunächst passend liegen müssen, damit wir unsere Ziele auch erreichen.

DIE PROZESSEBENE

Immer wenn wir zielgerichtet handeln, verfolgen wir einen Prozess. Doch auch wenn wir kein Ziel im Blick haben, verfolgen wir einen Prozess. Es gibt Prozesse, die strikt zu befolgen sind und so keinen Freiraum bieten, aber auch Prozesse, die wir flexibel nach unserem Belieben gestalten können. Du kannst z. B. keinen Kuchen backen, indem du alle Zutaten zunächst im Ofen bei 200 Grad 15 Minuten lang backst und danach alles in einer Schüssel zu einem Teig verrührst. Aber ob du bei der anstehenden Präsentation erst die Texte schreibst und dann die Bilder einfügst oder umgekehrt, ist vollkommen egal. Beides führt zum Ergebnis. Prozesse sind besonders in dem Sinne, dass sie dich stets weiterbringen und am Ende auch zum Ziel, wenn du sie verfolgst. Sie sind sozusagen der Weg zu einem Ziel. Wenn du einen Weg gehst, ist es egal, ob du dir als Ziel gesetzt hast, die Stadt am Ende des Weges zu erreichen oder nicht. Erreichen wirst du sie so oder so. Ob uns das bewusst ist oder nicht, ist dabei nicht von Belang. Wir verfolgen also mit jedem einzelnen Prozess ein Ziel, auch wenn wir uns das nicht zum Ziel gemacht haben.

Ich hatte vor einigen Jahren in einer Zeitschrift, deren Namen ich nicht mehr weiß, gelesen, man solle den Tag am besten mit etwas Sport starten, um den Kreislauf nach der langen Nacht wieder in Schwung zu kriegen. Diesen Rat befolgte ich auch. Ich machte jeden Morgen direkt nach dem Aufstehen so viele Liegestütze, bis ich nicht mehr konnte. Eine ganze Weile funktionierte es auch. Mein Kreislauf kam viel schneller in Schwung und ich konnte deutlich besser in den Tag starten. Weil es sehr schnell ging, konnte ich diese Gewohnheit auch fast ausnahmslos jeden Tag ausführen. Damals hatte ich mir für die Arbeit einen neuen Anzug gekauft, den ich an den Schultern und der Taille hatte anpassen lassen, da er mir nicht so richtig passte. Zu meinem Bedauern musste ich feststellen, dass mir der Anzug immer schlechter und schlechter zu passen schien, und ich fragte mich, ob der Schneider einen Fehler beim Maßnehmen gemacht hatte. Als ich noch mal nachmaß, musste ich feststellen, dass es nicht der Fehler des Schneiders gewesen war, sondern meiner. Die einfache Gewohnheit, morgens Liegestütze zu machen, hatte über die Monate dafür gesorgt, dass ich am Oberkörper, an der Brust und den Armen deutlich mehr Muskeln aufgebaut hatte. Deshalb saß mein Anzug nicht mehr gut und spannte vorn, wenn ich versuchte, den ersten Knopf zu schließen.

Dieser Prozess hatte mich das Ziel «Muskelaufbau» erreichen lassen, obwohl ich dafür in keinem Moment Liegestütze gemacht hatte. Ich wollte nicht Muskeln aufbauen, sondern nur schneller in den Tag starten, doch das ist dem Prozess egal. Prozesse lassen dich Ziele erreichen, auch wenn du dir diese Ziele nie gesetzt hast. Genau aus diesem Grund sind sie dem einfachen Ziel überlegen.

Du wirst nicht sportlich, indem du dir zum Ziel setzt, Sport zu machen. Sportlich sein beschreibt einen Endzustand ohne Weg dahin. Ohne einen Prozess, der dich genau dahin führt, wirst du dieses Ziel nicht erreichen können. Deshalb ist ein Prozess immer besser als ein Ziel, denn ein Prozess lässt dich dein Ziel erreichen mit einer klaren Abfolge von Handlungen. Sagst du dir z. B., dass du ab jetzt jede Woche dreimal zum Sport gehst, montags den Oberkörper, mittwochs den Unterkörper und freitags deine Ausdauer trainierst, dann wirst du sportlicher werden und Muskeln aufbauen, auch wenn das nicht dein Ziel war. Vielleicht willst du in der neuen Stadt schneller Fuß fassen und hältst es für eine gute Idee, Sport zu treiben und dabei neue Menschen kennenzulernen. Dennoch wirst du sportlicher werden und Muskeln aufbauen.

Wenn du dir also das nächste Mal ein Ziel setzt, frag dich, ob du auch einen Prozess hast, der dich dieses Ziel erreichen lässt. Ich habe mir dazu immer folgende Fragen gestellt:

- Habe ich genug **Wissen,** um mein Ziel zu erreichen?
- Habe ich genug **Fähigkeiten,** um mein Ziel zu erreichen?
- Habe ich genug **Zeit und Energie,** um mein Ziel zu erreichen?

Das Ziel kannst du nach diesem Schritt weiterhin nutzen, um dich zu motivieren, aber bei der Erreichung des Ziels ist jetzt nur noch der Prozess von Bedeutung.

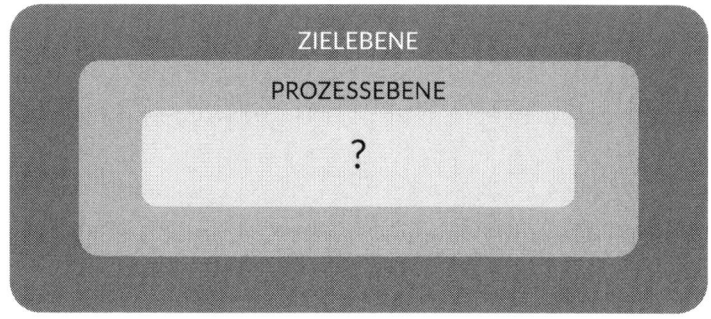

Vergiss nicht, dass dein Prozess nicht in Stein gemeißelt ist, sondern optimiert werden kann. Frage dich also regelmäßig, ob der Weg, den du dir ausgesucht hast, um dein Ziel zu erreichen, auch der richtige ist oder ob du Anpassungen vornehmen solltest. Ich habe das immer bei der Planung meiner Woche gemacht. Wenn du dich erinnerst, sollst du dich jede Woche fragen, welche Dinge besonders gut gelaufen sind und welche nicht. Genau hier bietet es sich an, deinen Weg zu überprüfen und den Prozess zu deinem Ziel zu optimieren.

Jetzt fragst du dich sicher, was sich im Kern meiner Darstellung von oben befindet. Denn dieser Kern hat den größten Einfluss darauf, ob du deine Ziele erreichen kannst oder nicht. Wie James Clear in seinem Buch «Die 1% Methode»[1] richtig beschrieben hat, ist es die Identitätsebene.

DIE IDENTITÄTSEBENE

Wie stellst du dir einen Mathe-Professor vor? Bestimmt hast du ein Bild im Kopf. Ich bin mir sicher, dass sich dieses Bild nicht großartig von dem Bild unterscheidet, das ich im Kopf habe. Nun stell dir einen Profifußballer vor. Auch hier haben wir beide wahrscheinlich ein sehr ähnliches Bild im Kopf mit nur wenigen Unterschieden. Dieses Spiel können wir mit so vielen Berufen fortführen: IT-Spezialist, Bauarbeiter, Tagesmutter und so weiter. Im Laufe der Zeit müssen wir feststellen, dass wir uns durch unsere Entscheidungen und Vorlieben immer mehr an unsere typische Rolle anpassen. Genauso, wie sich der Körper jedes Profisportlers an die Sportart anpasst, passen wir uns im Kopf an unsere Identität an. Das wiederum bestimmt große Teile unseres äußeren und inneren Erscheinungsbildes. Vieles, was wir im Leben erreichen wollen, beginnt also im Kopf, noch lange bevor wir uns einen Prozess überlegt oder ein Ziel gesetzt haben. Stell dir einmal vor, man würde den extrovertierten Verkäufer und Manager einer großen Consultingfirma mit dem introvertierten und genialen Forscher eines Unternehmens für künstliche Intelligenz in einen Raum setzen. Die beiden würden nicht zusammenpassen. Das ist auch in Ordnung, denn sie haben sich an unterschiedliche Felder angepasst. Jetzt den Beruf zu tauschen, würde für beide eine große Veränderung bedeuten. Die Identitätsebene ist also die Ebene, die deine Wertvorstellungen, Ideale und Präferenzen beinhaltet.

Wie kannst du deine Identität bestimmen, sie für deine Zielsetzung nutzen und sie nach deinem Wunsch modellieren? Ich bin der Antwort auf diese Frage nachgegangen und musste einiges ausprobieren, um auf ein Ergebnis zu kommen. Denn auch wenn James Clear in seinem Buch «Die 1%-Methode» über die Identitätsebene spricht, erklärt er, dass wir uns fragen sollen, wer wir sein wollen. Doch durch diese einfache Frage können wir nur schwer bzw. gar nicht langfristig unsere Identität verändern.

Bevor ich dir anhand eines einfachen Beispiels erkläre, wie du das am besten erreichen kannst, ist mir eines noch sehr wichtig: Es geht mir keineswegs darum, dich als Mensch und alles, was dir von Bedeutung ist, zu verändern. Vielmehr will ich dir helfen, die Dinge, die meistens dafür sorgen, dass du nach der Zielerreichung rückfällig wirst, anzupassen. Am häufigsten sehen wir dieses Phänomen bei Diäten. Selbst wenn Menschen es schaffen, sich an die oftmals strengen Diäten zu halten und Gewicht abzunehmen, haben sie leider oft die verlorenen Kilos schon nach wenigen Monaten wieder zugenommen. Der Grund dafür ist ganz einfach: Nimmt man einer Person, die im Kopf noch nicht schlank ist, die Kilos weg, macht das keinen Unterschied, denn die Kilos kommen genauso wieder zurück. Gibt man hingegen einem Menschen, der von seiner Identität her schon immer Sportler war, ein paar Kilos mehr, wird dieser kein Problem damit haben, diese schnell wieder zu verlieren.

Oscar Karem bringt in seiner Videoreihe zur Persönlichkeitsentwicklung[2] ein tolles Beispiel, das genau diesen Punkt beschreibt. Er sagt, man solle sich vorstellen, man würde einen Knopf drücken und alles Geld der Welt sei auf einmal gleichmäßig auf alle Menschen verteilt. Keine 24 Stunden später würde man jedoch feststellen müssen, dass es wieder Millionäre und Bettler gäbe. Der Grund dafür sei nicht, dass es Arme und Reiche gibt, sondern arme und reiche Gedanken. Der erfolgreiche Geschäftsmann werde kein Problem haben, durch tolle Investitionen mehr aus seinem Geld zu machen, während der verschwenderische und konsumorientierte Mensch sein Geld in kurzer Zeit verlieren werde.

Frage dich also, welche Eigenschaften deine Identität ausmachen und wie diese sein müssten, um dein Ziel zu erreichen.

- Statt einen Marathon zu laufen, sollst du ein Läufer werden.
- Statt abzunehmen, sollst du eine auf Gesundheit achtende Person werden.
- Statt Ordnung zu schaffen, sollst du ein ordentlicher Mensch werden.

POTENZIAL
Persönlichkeit

Wie kannst du nun deine Identität anpassen? Ganz einfach: Zunächst ist es wichtig, dass du dich – bezogen auf das dir wichtige Thema – damit auseinandersetzt, was deine Identität ausmacht. Stell dir vor, du bist stark übergewichtig und willst Normalgewicht erreichen. Würdest du dir einfach nur ein Ziel setzen, dann würdest du z. B. sagen: «Ich will mein Gewicht halbieren, damit ich normalgewichtig bin.» Auf der Prozessebene würde der Plan so aussehen, dass du z. B. ab jetzt regelmäßig dreimal pro Woche zum Sport gehst.

Auf der Identitätsebene fragst du dich jetzt als Erstes, was eine Person ausmacht, die Normalgewicht hat oder sogar sportlich ist, und was dich ausmacht. Hast du dir das verinnerlicht, besteht der nächste Schritt darin, dich bei Handlungen, die unmittelbar Einfluss auf dein Ziel nehmen, zu fragen, was die sportliche Version von dir machen würde. Beim Einkaufen kann das den Unterschied bedeuten, einen Kasten Bier zu kaufen und lauter kleine Snacks oder gesundes Obst und Gemüse. Wichtig ist, dass du in diesem Schritt nichts überspringst, sondern alle Regeln der richtigen Gewohnheit einhältst. Lass mich sie dir im nächsten Kapitel erklären. Dann kommen wir zurück zu unserem Beispiel.

POTENZIAL
Persönlichkeit

7. Gewohnheiten

Gewohnheiten sind Dinge, die wir tun, ohne nachzudenken. Das macht sie unglaublich mächtig, wenn wir wissen, wie wir sie für uns richtig nutzen können.

Jeder kennt es, wenn er oder sie zu Hause oder bei der Arbeit auf dem gewohnten Stellplatz parkt. Wir manövrieren das Auto, ohne auch nur den kleinsten Gedanken daran zu verschwenden, ganz einfach in die Parklücke. Doch versuchen wir an einer schwierigen Stelle einzuparken, benötigen wir manchmal mehr als nur einen Anlauf. Es gibt so viel, was wir alltäglich tun und was uns zur Gewohnheit geworden ist. Das ist auch gut so. Gewohnheiten laufen nämlich in unserem Gehirn anders ab. Wir brauchen keine aktiven Ressourcen, um diese Handlungen auszuführen. Sie können mit viel weniger Anstrengung und ressourcensparender im Hintergrund ablaufen, ohne dass wir es bemerken. Jeder, der den Führerschein gemacht hat, kann sich bestimmt daran erinnern, wie aufregend die ersten Fahrten allein waren, weil man auf so vieles achten musste. Doch nach wenigen Jahren stellt man fest, dass man auf einer langen Autofahrt die letzten 100 Kilometer gefahren ist, ohne es wirklich zu merken. Man könnte fast sagen, wir haben zwei Gehirne in unserem Kopf. Eines, das die bereits erlernten Gewohnheiten mit Leichtigkeit ausführt, und eines, das für alle neuen und noch unbekannten Aufgaben zuständig ist. So beschrieb es auch Daniel Kahneman in seinem Buch «Schnelles Denken, Langsames Denken»[3].

Es ist also in unserem Interesse, uns unsere Gewohnheiten so anzueignen, dass wir die schwierigsten Dinge auf die leichteste Art und Weise erledigen können.

WIE GEWOHNHEITEN ENTSTEHEN

Wie eine Gewohnheit entsteht, ist fast immer gleich: Eine Handlung wird immer dann zur Gewohnheit, wenn vier Voraussetzungen mit dem richtigen Ablauf erfüllt sind.

Eine Gewohnheit muss ...
- offensichtlich sein, dir also viele Berührungspunkte bieten,
- attraktiv, also die beste Option sein,
- einfach, also mit wenig Widerstand ausführbar sein, und
- befriedigend sein.

Sind diese vier Voraussetzungen erfüllt, reichen wenige Wiederholungen aus, um eine Handlung zur Gewohnheit zu machen. Alles andere kommt dann mit der Zeit. Gehen wir zurück zu unserem Beispiel des Abnehmens. Ziel ist es, die Dinge, die uns dabei helfen, mehr abzunehmen, und welche die Identität einer sportlichen Person ausmachen, zur Gewohnheit werden zu lassen.

Im Normalfall würden sich jetzt die meisten in einem Fitnessstudio anmelden und sich als Ziel setzen, so häufig wie möglich hinzugehen, um ihr Ziel zu erreichen. Das Problem hierbei habe ich bereits beschrieben: Man geht am Anfang voller Motivation hin, doch im Laufe der Zeit, wenn das Leben einem den ein oder anderen Stein in den Weg legt und die Motivation gerade nicht so hoch ist, wird es immer schwieriger, den Sportplan einzuhalten. Man trainiert nicht mehr so viel, achtet das eine oder andere Mal nicht mehr auf die Ernährung, und schon fehlen die nötigen Fortschritte, um dranzubleiben. Schauen wir auf die vier Regeln von oben, ist das Fitnessstudio nicht offensichtlich, sondern bedarf einer zielgerichteten Handlung, nämlich hinzufahren. Sport an sich ist im besten Fall neutral. Es ist nicht einfach, einen Gang zum Fitnessstudio dauerhaft in den Alltag zu integrieren, wenn es nicht fundamental ein Teil des Alltags und der Identität ist. Die Befriedigung bleibt aufgrund der schwindenden Resultate immer mehr aus. Du verstehst jetzt, weshalb das nicht ausreicht, um eine neue Gewohnheit zu bilden.

Stell dir vor, du würdest diese vier Punkte genau befolgen und deinen Alltag sowie dein Umfeld danach anpassen. Wie würde das aussehen? Nachdem du dich entschieden hast, abzunehmen, gehst du zunächst shoppen. Du kaufst Sportsachen, die dir perfekt passen und in denen du dich toll fühlst, auch wenn du dein Wunschgewicht noch nicht erreicht hast. Du kaufst mehrere Sets in unterschiedlichen Styles und auch ein Set in einer kleineren Größe als Motivation. Zu Hause legst du ein Sportset neben dein Bett. Am nächsten Morgen geht es los. Du setzt dir als Ziel, die nächsten zehn Tage jeden Morgen die Sportsachen anzuziehen, dich im Spiegel zu betrachten und sie dann wieder auszuziehen. Du wachst also auf, ziehst deine neuen Sportsachen an und gehst zum Spiegel. Dort schaust du dich eine Minute lang an, ziehst die Sportsachen wieder aus und startest normal in den Tag.

Du denkst dir sicherlich: «Das ist absolut albern», doch genau darauf kommt es an. In dem Moment, in dem du eine Handlung ausführst, die so einfach ist, dass es dir albern erscheint, ist sie einfach genug. Du kannst dir nämlich jetzt sicher sein, dass dir so gut wie nichts in den Weg kommen kann, was dich daran hindert, diese Sache auszuführen, und dass du gleichzeitig, auch wenn du absolut unmotiviert bist, es immer noch schaffen kannst.

Am 11. Tag fügst du deiner neuen Routine eine Sache hinzu. Du ziehst morgens wieder die Sportsachen an, doch diesmal gehst du vor die Tür, atmest ein paarmal tief ein und aus und gehst dann wieder rein. Das machst du weitere zehn Tage. Ab dem 21. Tag fügst du hinzu, 120 Sekunden lang zu spazieren, wenn du schon morgens vor der Tür stehst. Wichtig ist, dass es wirklich nur zwei Minuten sein sollen. Eine Minute in die eine Richtung und eine Minute wieder zurück. Ab dem 31. Tag machst du daraus fünf Minuten. Ab dem 41. Tag machst du daraus einen Spaziergang zum nächsten Bäcker und kaufst ein Brötchen zum Frühstück. Ab dem 51. Tag joggst du diese Strecke. Am 61. Tag joggst du direkt zum nächsten Supermarkt und kaufst gesund für den Tag ein. Am 71. Tag trinkst du nur noch Wasser, wenn du vom Joggen kommst. Am 81. Tag ... und so weiter. Wie du siehst, sind schon mehr als zwei Monate vergangen.

Ich möchte mit dir ein Spiel spielen. Eines, das wir bereits gespielt haben, nur umgekehrt. Diesmal beschreibe ich dir nicht den Beruf, sondern den Alltag und die Gewohnheiten einer Person, und du versuchst, dir diese Person vorzustellen:

Schaust du in den Kleiderschrank der Person, von der ich rede, siehst du viele neue, schöne Sportsachen. Diese Person geht jeden Morgen joggen, sodass der Eindruck entsteht, sie wacht in ihren Sportsachen auf. Auf dem Weg kaufe sie gesunde Sachen für den Tag ein, berichten die Nachbarn, die diese Person jeden Morgen beim Joggen beobachten können. Sie sagen auch, sie hätten diese Person häufiger in Sportsachen gesehen als in normaler Kleidung, und der ein oder andere wünscht sich, diese Motivation zu haben, so häufig joggen zu gehen. Wenn sie zurückkommt, habe sie immer einen gesunden Einkauf mit dabei, und das Tag für Tag. Oft seien Gemüsesorten dabei, mit denen die meisten nichts anzufangen wüssten. Doch sie selbst wisse ganz genau, was sie Leckeres damit zaubert.

Wie sieht diese Person aus? Dick? Nein, ganz sicher nicht. Isst diese Person viel Ungesundes? Nein, ich glaube nicht. Würde diese Person den Aufzug nehmen und mit dem Auto fahren oder eher die Treppe und mit dem Fahrrad fahren? Wahrscheinlich eher Letzteres.

Was ist passiert? Wir reden schließlich noch immer über die Person, die daran gescheitert ist, abzunehmen, und jetzt ist sie ein Vorbild für die menschliche Gesundheit. Wir haben uns nicht einfach zum Ziel gesetzt, mehr abzunehmen, oder mit Zwang versucht, einen Trainingsplan einzuhalten. Wir haben systematisch die Identität dieser Person angepasst, nämlich von einem Menschen, der übergewichtig ist, zu einem, der sportlich ist. Natürlich hat ein sportlicher Mensch nicht unglaublich große Fettreserven. Wie soll man denn sonst diese sportlichen Leistungen erbringen können?

Wie kannst du also deine Identität anpassen? Mit so kleinen und einfachen Schritten, dass es dir schon fast doof vorkommt. Doch die kleine Steigerung, Tag für Tag, Woche für Woche, sorgt dafür, dass wenige Monate ausreichen, und du bist kaum wiederzuerkennen.

DAS GEWOHNHEITSTAGEBUCH

Über die Hälfte aller Handlungen, die wir am Tag ausführen, basieren auf Gewohnheiten. Das heißt, wenn wir unsere Identität anpassen wollen, müssen wir bei dem ansetzen, was wir am meisten machen, nämlich bei dem Gewohnten. Dies können Dinge sein, auf die wir stolz sind, aber leider auch Gewohnheiten, auf die wir nicht stolz sind. Vielleicht wissen wir über manche Gewohnheiten gar nicht Bescheid, wie du im Kapitel über das «Johari-Fenster» lesen wirst, und doch führen wir sie Tag für Tag aus, Hunderte, Tausende Male. Gewohnheiten kommen dabei nicht immer von innen heraus. Denke an die erste Voraussetzung für eine Gewohnheit zurück:

- Eine Gewohnheit muss offensichtlich sein.

POTENZIAL
Persönlichkeit

Frage dich, was dein Umfeld für dich offensichtlich macht. Schau in deinen Alltag vom Moment des Aufstehens an bis zu dem Moment, in dem du die Augen zumachst. Welche Dinge siehst du? Wie ist dein Umfeld gestaltet und wozu regen dich diese Dinge an? Im Laufe der Zeit bauen wir uns ein Umfeld auf, das uns Gewohntes einfach und Einfaches schnell zur Gewohnheit macht. Es braucht eine Änderung an genau dieser Stelle, damit du dich verändern kannst.

Hast du einmal auf die Fernbedienung eines modernen Fernsehers geschaut? Dir wird sicher aufgefallen sein, dass sie neue Knöpfe hat, nämlich einen für Netflix, Prime und Disney+. Diese kleine Anpassung macht einen gewaltigen Unterschied in der Nutzung des Fernsehers aus. Wir sind durch die auffällig rote Farbe eher dazu geneigt, den Netflix-Knopf zu drücken, und binnen weniger Sekunden finden wir uns in einem Katalog von Tausenden Serien und Filmen wieder. Haben wir eine Folge zu Ende geschaut, fragt Netflix mittlerweile nicht mehr nach, sondern startet nach wenigen Sekunden einfach die nächste. Bevor wir es merken, haben wir Folge nach Folge nach Folge geschaut und viele Stunden totgeschlagen. Dieser kleine Knopf befolgt mit Leichtigkeit alle Regeln einer Gewohnheit. Das Ergebnis: Der Knopf macht Netflix schauen zur Gewohnheit und die Gewohnheit, Netflix zu schauen, macht so einen Teil deines Umfelds aus. Netflix schauen wird damit Teil unseres Alltags. Ob man das nun als gut bewertet oder nicht, ist dabei ganz egal. Vielmehr ist es wichtig, zu erkennen, dass diese Gewohnheit fast unbewusst in deinem Leben auftaucht, ohne dass du dich dafür entschieden hast.

Wenn du die Kontrolle über deinen Alltag erlangen willst, musst du auch die Kontrolle über deine Gewohnheiten erlangen. Die beste Methode, die mir dabei geholfen hat, ist ein

einfaches Gewohnheitstagebuch. Jedes Mal, wenn mir eine Gewohnheit auffällt, habe ich sie in das Tagebuch geschrieben und dabei vermerkt, was mich dazu bewegt hat und warum es attraktiv, einfach und befriedigend war. Eine einfache Tabelle hilft dir, schnell einen Überblick zu bekommen. Ich habe auch eine Spalte hinzugefügt, in der ich bewerte, wie die Gewohnheit mein Leben beeinflusst, also ob sie mir schadet oder einen positiven Einfluss hat.

Gewohnheit	Trigger	Befriedigung	Positiv/ Negativ
Nägel kauen	Aufregung/ nachdenklich	Entspannt mich	Negativ
Instagram	Langeweile/ Handy	Beschäftigung	Negativ

So hatte ich nach einer Woche die meisten Dinge aus meinem Alltag in meinem Tagebuch notiert und konnte mir einen Überblick über meine Gewohnheiten verschaffen. Wichtig ist jedoch, nicht nur zu messen, was du machst, sondern auch, wie häufig. Hierbei hilft uns das Tracking.

TRACKING

Bevor ich dir erkläre, was Tracking ist und wie du es am besten für dich nutzen kannst, musst du zunächst wissen, was die wichtigste Einheit ist, die bestimmt, ob eine Handlung zur Gewohnheit wird oder nicht. Es ist nämlich so: Selbst wenn alle vier Faktoren einer Gewohnheit erfüllt sind, bestimmt die Wiederholung, wie schnell eine Handlung zur Gewohnheit wird oder nicht. Das heißt, es ist nicht wichtig, wie intensiv du eine Handlung ausübst, sondern nur wie oft. Jetzt gibt es Handlungen, die sich von Natur aus nicht häufiger als z. B. ein- oder zweimal am Tag ausführen lassen. Es wird somit länger dauern, sich eine neue Schlafgewohnheit anzueignen, als nach der neuen Social-Media-Plattform süchtig zu werden. Denn gewöhnlich schläfst du einmal am Tag acht Stunden, aber schaust Hunderte Male auf dein Smartphone.

Das soll dich aber nicht daran hindern, dir gute Gewohnheiten anzueignen. Doch was heißt es, eine Gewohnheit zu tracken? Schaut man im Wörterbuch, was Tracking bedeutet, findet man das Folgende:

$$\left[\begin{array}{c} \text{Tracker /ˈtræk.ər/ :} \\ \text{an electronic device or piece of} \\ \text{software that records information} \\ \text{about your physical activity} \end{array} \right]$$

Tracking bedeutet also, dass du deine Handlungen messbar machst. Dadurch kannst du gewährleisten, dass du dich an deine neue Gewohnheit gewöhnst und keine Möglichkeit auslässt, sie in deinen Alltag zu integrieren.

Um Tracking Teil deines Alltags werden zu lassen, musst du dir zunächst überlegen, was für dich die einfachste Art und Weise ist, deine Gewohnheiten zu messen. Ich benutze dazu gern mein Smartphone, aber genauso kannst du ein Notizbuch,

POTENZIAL
Persönlichkeit

einen Zettel oder auch einen Stock und feuchten Sand verwenden, um deine Gewohnheiten zu messen. Wichtig ist, dass das Messinstrument keine neue Hürde für dich darstellt. Wenn du dein Smartphone beispielsweise sowieso als Notizbuch verwendest, dann ist es kein weiter Weg, dein Smartphone auch als Trackinginstrument zu nutzen. Ich empfehle dir daher, einfach eine der zahlreichen Apps herunterzuladen. Ich kann dir Daylio empfehlen, allerdings funktionieren sie alle ähnlich. Meistens kannst du deine Gewohnheit eintragen, aussuchen, in welcher Einheit und in welchem Zeitraum du messen willst, und schon geht es los. Das Schwierige ist nicht, die App einzurichten oder eine Tabelle in dein Notizbuch zu kritzeln, sondern die richtige Messeinheit für die jeweilige Gewohnheit zu finden.

Stell dir vor, du willst weniger Zeit mit sozialen Medien verbringen. Hierzu richtest du in deiner Tracking-App einen neuen Tracker ein und nennst ihn Social Media. Hier trägst du ein, wie häufig du am Tag beispielsweise Instagram geöffnet hast.

Ich benutze z. B. einen Tracker für dieses Buch. So will ich sicherstellen, dass Schreiben für mich zur Gewohnheit wird und ich kontinuierlich über den gesamten Zeitraum von vielen Monaten an diesem Buch arbeite. Also habe ich einen Tracker eingerichtet, mit dem ich messe, wie viele Seiten ich pro Woche geschrieben habe. Ich messe die Seiten, weil das die Einheit ist, die einen Unterschied bewirkt. Klar sind manche Kapitel einfacher zu schreiben als andere, aber du als mein Leser wirst die von mir geschriebenen Seiten lesen und nicht die Zeit, die ich zum Schreiben benötige. Außerdem messe ich pro Woche, da es durchaus passieren kann, dass ich an einem Tag oder zwei Tagen nicht an diesem Buch schreibe. Es sollte aber keine Woche geben, in der ich nicht schreibe, weshalb ich diesen Zeitraum gewählt habe. Die Anzahl der Seiten, die

ich pro Woche schreiben will, basiert auf Erfahrung und auf Ausprobieren. So habe ich einen Tracker für das Schreiben dieses Buches, den ich täglich pflege.

Überlege dir also genau die essenzielle Einheit bei deiner neuen Gewohnheit und messe diese. Versuche, dich regelmäßig zu kontrollieren, ob du auch die richtigen Dinge misst, indem du deine Tracker hinterfragst. Falls nötig, füge neue hinzu. Auch deine Tracker sollten in einem ständigen Wandel sein und sich dir, deinen Zielen und Wünschen anpassen. Dein Tracker für den Alltag kann wie folgt aussehen:

Gewohnheit	Zeitraum	Ziel	Aktuell
Sport machen	Woche	3	1
Wasser trinken	Tag	2000 ml	1200 ml
Meditieren	Tag	1	0
Lesen	Woche	50 Seiten	30 Seiten

GEWOHNHEITEN LÖSCHEN

Durch unser Tagebuch haben wir jetzt viele Gewohnheiten erkannt, mit denen wir nicht zufrieden sind und die wir am liebsten aus unserem Leben entfernen würden. Ich zeige dir, wie genau du das anstellen kannst.

Willst du eine Gewohnheit abstellen, dann musst du dieselben vier Regeln, um eine Gewohnheit aufzubauen, im Gegenteil anwenden.

Um eine Gewohnheit abzustellen, muss sie also ...

- unauffällig,
- unattraktiv,
- schwer und
- unbefriedigend sein.

Oder sehr einfach ausgedrückt: Du solltest dein Umfeld so gestalten, dass es so schwer wie möglich ist, an dieser Gewohnheit festzuhalten. Lass mich es dir mit ein paar Beispielen klarmachen.

- Du schaust zu viel fern? Dann nimm jedes Mal die Batterie aus der Fernbedienung und lege sie in den Keller. Ohne Batterien wirst du nur dann fernsehen, wenn du die Sendung unbedingt sehen willst, sodass es sich lohnt, die Batterien aus dem Keller zu holen. Vergiss nur nicht, sie zurückzubringen, wenn die Sendung vorbei ist.

- Du willst weniger Netflix schauen? Melde dich nach jeder Folge oder jedem Film ab. Am Fernseher ist es eine Qual, sich neu anzumelden. Auf deinen mobilen Geräten kannst du einfach eine Zeitsperre einrichten, mit einem Passwort, das nur dein bester Freund kennt. So sorgst du dafür, dass es auch hier eine bewusste Entscheidung wird.

- Du willst nicht mehr so viel Süßes essen? Dann kauf es nicht mehr ein und sorge dafür, dass du viele gesunde Alternativen in greifbarer Nähe hast.

- Du willst nicht stundenlang pro Tag mit sozialen Medien verbringen? Dann richte dir eine Zeitsperre ein. Aber noch viel besser: Entferne die App von deinem Homescreen oder deinstalliere sie. Wenn du Instagram jedes Mal bewusst suchen musst, passiert es nicht, dass du die App einfach aus Langeweile und weil sie dir gerade ins Auge springt, anklickst.

Du siehst, es gibt viele Möglichkeiten, es dir schwerer zu machen, an negativen Gewohnheiten festzuhalten. Natürlich kannst du nicht alles auf einmal verändern, doch kleine Schritte in die richtige Richtung addieren sich und sorgen dafür, dass du im Lauf der Zeit ungewollte Gewohnheiten aus deinem Leben entfernst und gewollte behältst. Werde bei diesem Prozess gern kreativ und du wirst schnell zum Designer und Architekten deiner Gewohnheiten.

POTENZIAL
Persönlichkeit

8. Aufgabenmanagement

Es gibt keinen Menschen, der durchs Leben gehen kann, ohne jemals eine Aufgabe erteilt bekommen zu haben. Es fängt alles in der Schule an, in der du die erste Hausaufgabe erteilt bekommst, und meistens entwickelst du um diese Zeit herum ganz unbewusst deine Methode des Aufgabenmanagements. Diese Methode behältst du entweder bei oder passt sie im Lauf der Zeit Stück für Stück an die sich ändernden Bedingungen deines Alltags an.

Ich weiß noch, wie aufgeregt ich vor dem ersten Schultag war. Ich wollte gut sein und positiv auffallen und hatte mich geistig darauf vorbereitet, alles zu geben. Als wir dann in den zwei Stunden, die mein erster Schultag dauerte, ein Bild ausmalten und ein weiteres Bild für zu Hause bekamen, war ich ziemlich beruhigt, dass die Schule doch nicht so schwer ist, wie ich erst dachte. Schon wenige Wochen später überlegte ich, wann ich am besten die Hausaufgaben machen sollte. Viele Freunde erledigten die Hausaufgaben immer einen Tag bevor wir die entsprechende Unterrichtsstunde hatten. Ich entschied mich dazu, die Hausaufgaben direkt an dem Tag fertigzustellen, an dem ich sie aufbekommen hatte, um sie schnell erledigt zu wissen. Und dann gab es wieder andere, die sie gar nicht machten. Letztere Strategie war die zeitlich effizienteste Lösung für alle Hausaufgaben.

Heute, viele Jahre später, ist der Umgang mit den Aufgaben des Alltags nicht anders geworden. Manches erledige ich sofort, wenn ich die Aufgabe sehe, und manches verschiebe ich auf kurz bevor die Aufgabe fällig ist. Ob das nun alle Strategien sind, um Aufgaben zu erledigen, und ob es die besten sind, wusste ich lange Zeit nicht. Über die Jahre habe ich viele Techniken kennengelernt, die mir dabei helfen sollten, besser mit meinen To-dos umzugehen. Doch ich musste feststellen, dass diese Strategien häufig in entgegengesetzte Richtungen führten. So sollen wir uns bei «Eat the frog first» direkt zu Beginn der härtesten Aufgabe des Tages widmen, während viele andere Theorien die Aufgaben des Tages mit einer zunehmenden Schwierigkeit sortieren.

Einige Methoden jedoch waren äußerst hilfreich und hielten den sich ändernden Bedingungen des Alltags stand. Die beste Strategie, die ich kennengelernt habe, ist auch zugleich eine der ältesten: die Eisenhower-Methode.

EISENHOWER-METHODE

Diese beliebte Technik für das Aufgabenmanagement hat der ehemalige US-Präsident Dwight D. Eisenhower entwickelt. Bei dieser Methode werden die Aufgaben in vier Quadranten eingeteilt:

- dringend und wichtig,
- nicht dringend, aber wichtig,
- dringend, aber nicht wichtig sowie
- nicht dringend und nicht wichtig.

Dringende Aufgaben sind solche, die sofortige Aufmerksamkeit erfordern, während wichtige Aufgaben solche sind, die zu langfristigen Zielen beitragen. Der Schlüssel zur effektiven Anwendung dieser Technik ist die Priorisierung der Aufgaben in jedem Quadranten. So sollten beispielsweise dringende und wichtige Aufgaben oberste Priorität haben, während nicht dringende und unwichtige Aufgaben sicher delegiert oder sogar ganz ignoriert werden können.

Das heißt also, du ordnest deine Aufgaben so an:

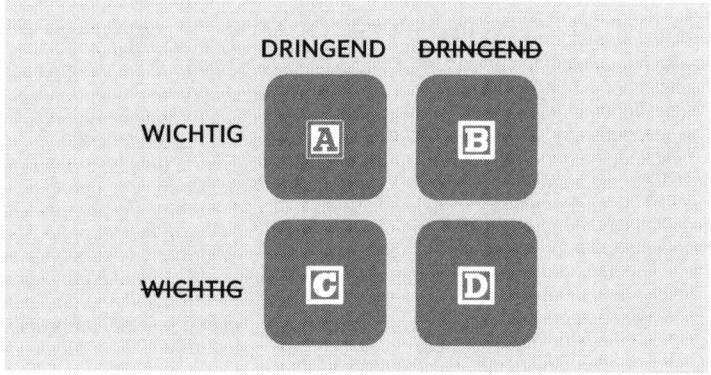

Ich hatte häufig von dieser Methode gehört, doch es war eine Erkenntnis, die mein Verständnis der Eisenhower Methode komplett veränderte. Es war nicht die Art und Weise, wie ich meine Aufgaben in die Felder sortierte, sondern die Bedeutung der Felder für mein Leben, die alles veränderte. Aufgaben aus dem A-Feld beispielsweise sind Aufgaben, die sehr wichtig und meistens auch äußerst dringend sind. Folglich sind es ernstzunehmende Aufgaben, die schnell erledigt werden müssen, da sie sonst schwerwiegende Folgen haben. Diese Aufgaben sind meistens mit Stress verbunden und fallen genau dann in den Alltag, wenn wir sie am wenigsten gebrauchen können. Zum zweiten Feld sage ich gleich etwas. Aufgaben aus dem dritten Feld C sind Aufgaben, die uns aufgrund ihrer Dringlichkeit ins Gesicht springen, aber meistens genauso schnell auch ignoriert werden können. Jede E-Mail ohne bedeutsamen Inhalt, jedes dringende Meeting, das sich aufgrund irrelevanter Themen in die Länge zieht, jede noch so kleine Nachricht, die von der eigentlichen Sache ablenkt, ist so eine C-Aufgabe, und genau das ist das Problem. Diese Aufgaben sind Ablenkungen, Ablenkungen von den Dingen, die uns wirklich voranbringen. Das wissen viele Unternehmen und

POTENZIAL
Persönlichkeit

machen sich genau das zunutze. Eine Benachrichtigung im richtigen Moment und ich schaue mir die Story einer Schulfreundin von vor zehn Jahren an, weil sie das erste Mal seit Langem wieder etwas in ihre Story gepostet hat. Oder ich frage mich, ob ich demnächst Socken bestellen will, da ich einen Gutschein über 20 Prozent bekommen habe, der nur noch eine Stunde gültig ist.

Eine Studie fand heraus, dass genau diese Ablenkungen, aber auch der Wechsel zwischen Aufgaben beim vermeintlichen Multitasking, die Produktivität senken, statt sie zu steigern. So bist du immer dann am produktivsten, wenn du nur eine komplexe Aufgabe gleichzeitig erledigst, ohne dich ablenken zu lassen.

Aufgaben aus dem Feld D können meistens komplett ignoriert werden. Das sind meistens auch keine richtigen Aufgaben, sondern ähneln eher Bedürfnissen. Beispiele dafür sind die ausschweifenden Gedanken zu all den schönen Aktivitäten am nächsten Wochenende, die wir gern planen würden, die Idee, sich zusätzlich zu den neuen Schuhen auch einen farblich passenden Gürtel zu kaufen, weil der aktuelle alt wirkt, oder der plötzliche Drang, herauszufinden, ob Angelina Jolie wirklich schon über 45 ist. Diese Aufgaben schaden uns meistens nicht, wenn sie nicht erledigt werden, und so können wir sie gern delegieren oder auch mal liegen lassen.

Doch was hat es nun mit dem Feld B auf sich? Ich erkannte, dass das Feld B das wichtigste Feld ist – und das veränderte die Eisenhower-Methode für mich vollständig. Alles, was wir an anderen Menschen schätzen, an unseren Vorbildern beneiden oder was wir jemals Besonderes erreicht haben, war einmal eine Aufgabe, die im B-Feld begonnen hat.

Du bist mit Mitte 30 noch fit wie mit 18? Natürlich, weil du seitdem dreimal die Woche Sport machst. In welchem Quadranten liegt diese Aufgabe? Im B-Quadranten. Es ist wichtig, Sport zu machen, das weißt du. Wäre Sport eine Medizin, dann wäre er die beste, die es jemals geben würde. Wir leben länger, besser und glücklicher, wenn wir Sport machen. Doch ist es so dringend? Nein, ist es nicht. Ob du heute mit Sport anfängst oder erst morgen oder nächste Woche, das ist nicht so wichtig. Deshalb steht die Aufgabe im B-Feld. Wichtig, aber nicht dringend. Lass mich dir weitere Beispiele zeigen und du wirst sehen, was ich meine.

- Wurde Steve Jobs gezwungen, Apple zu gründen und mit dem iPhone die Welt zu revolutionieren? Nein! Mit einem Gerät mit der ganzen Welt verbunden zu sein, scheint ziemlich wichtig, aber er hätte genauso gut auch ein paar Jahre warten können. Es hat ihm keiner eine Deadline gesetzt.

- Wird Elon Musk gezwungen, fast im Alleingang die E-Auto-Revolution nach vorn zu treiben? Nein! Hat er eine Deadline? Nein! Hätte er den Tesla Roadster auch ein paar Jahre später vorstellen können? Ja natürlich, aber dennoch hat er es gemacht.

- Auch bei kleineren Beispielen zeigt sich dieses Muster: Dein Erfolg im Beruf ist das Ergebnis von vielen Tagen, an denen du dich dafür entschieden hast, das Wichtige zu tun, wie z. B. zu lernen und zu arbeiten, statt das Dringende, aber nicht Wichtige, wie z. B. zu einer besonderen Party zu gehen oder deine Freunde zu treffen.

Alles, was dir im Moment vielleicht keinen Spaß macht, aber dir langfristig viel bringt, befindet sich im Feld B, z. B. sparen, mit dem Rauchen aufhören oder sich weiterbilden, aber genauso Beziehungen pflegen, wie die zu deinen Kindern oder deiner Familie. Wenn du erfolgreich sein willst, dann ist es enorm wichtig, dass du so viele Aufgaben wie möglich aus dem Feld B erledigst.

Als ich Führungskräfte betreut habe, habe ich häufig die Frage gestellt bekommen, wie sie das am besten machen sollen. Schließlich seien die Aufgaben aus dem Feld A so zeit- und energieraubend, dass sie dann keine Lust und Zeit mehr für die Aufgaben aus Feld B hätten. Die Lösung ist ganz einfach.

1. Delegiere alles aus D

Zunächst ist es wichtig, keine Ressourcen zu verschwenden. Um das zu erreichen, delegierst du so viele Aufgaben wie möglich aus dem Feld D. Es kann sein, dass du jemanden bezahlst, der deinen Haushalt erledigt, während du in dieser Wechselphase bist. Vielleicht lässt du dir deinen Einkauf liefern, statt selbst zu fahren, und bestellst das eine oder andere Mal häufiger etwas zu essen, statt zu kochen. Das gibt dir etwas Luft für die nächsten Schritte.

2. Schütze dich vor C

Bevor du nun richtig loslegst, ist es wichtig, dass du einen Schutzschild vor allem einrichtest, was aus dem Feld C auf dich abfällt. Die «nicht stören»-Funktion auf deinem Smartphone und Notebook ist dabei sehr hilfreich. Richte dir eine Zeit pro Tag ein, während der du deine E-Mails beantwortest und die Benachrichtigungen ansonsten abstellst. Sage am besten deinen Arbeitskollegen Bescheid, dass du an etwas Wichtigem arbeitest und du deshalb nicht zwischendurch gestört werden möchtest, und bitte sie um Verständnis. In der übrigen Zeit kannst du ihnen jedoch gern weiterhin helfen. Denke daran, deinen Anrufbeantworter einzuschalten oder zumindest die Anrufe zu blockieren. Du wirst merken, dass du viel konzentrierter arbeiten kannst und so wertvolle Stunden sparst.

3. Erledige A und dann B

Jetzt, da du keine unwichtigen Aufgaben mehr hast und auch deutlich weniger gestört wirst, hast du spürbar mehr Ressourcen für die wirklich wichtigen Dinge. Natürlich erledigst du alle Aufgaben aus dem Feld A als Erstes, doch sobald das geschafft ist, machst du dich an Feld B.

Als ich diese Schritte das erste Mal befolgte, stellte ich etwas fest: Ich war viel entspannter, hatte viel mehr Zeit und bekam auch viel mehr Lob. Ich fragte mich, woher das kam, doch die Antwort war ganz klar. Indem ich mehr und mehr Aufgaben aus dem Feld B erledigte, passierte es immer weniger, dass ich überhaupt noch Aufgaben hatte, die aus dem Feld A kamen. Der Grund hierfür ist ganz einfach. Damit eine Aufgabe ins Feld A gelangt, muss sie wichtig und auch dringend sein, und meistens waren diese Aufgaben zuvor nur wichtig, aber nicht dringend.

Die Präsentation für den Jahresauftakt vorzubereiten, ist sehr wichtig, aber wenn diese erst in einem Monat stattfindet, ist sie nicht wirklich dringend. Warte ich aber dreieinhalb Wochen, dann ist dieselbe Aufgabe plötzlich wichtig und auch sehr dringend. Das heißt, wenn ich die Zeit finde, diese Aufgabe vorher zu erledigen, wird sie niemals ins Feld A gelangen. Ich erledige also die wichtigen Dinge, bevor sie dringend werden. Warum warten, bis es schon fast zu spät ist, wenn man auch vorher alles in Ruhe erledigen kann? Sport zu machen,

> **POTENZIAL**
> Persönlichkeit

wenn du übergewichtig bist, mit dem jahrzehntelangen Rauchen aufzuhören und das Unternehmen, das du schon immer gründen wolltest, mit Kreditschulden vom Haus und mit Kindern zu gründen, ist schwer, weil es fast zu spät ist. Es ist einfacher, fit zu bleiben, als fit zu werden. Es ist einfacher, mit dem Rauchen aufzuhören, wenn du gerade erst begonnen hast. Es ist einfacher, sich selbstständig zu machen, wenn du keine Verbindlichkeiten hast. Warum also warten?

Versteh mich nicht falsch: Niemand ist perfekt, auch ich nicht, aber wir alle können besser werden, wenn wir die wichtigen Dinge des Lebens jetzt angehen, statt zu warten, bis sie schlimmer geworden sind und wir keine Wahl mehr haben. Seit einigen Jahren nun versuche ich die meiste Zeit meines Lebens, Aufgaben aus dem Feld B zu erledigen. Es könnte mir nicht besser gehen. Auch andere nehmen diese Veränderung ganz unbewusst war. Ich werde viel häufiger für meinen Fleiß, meine Vorbereitung und meine Errungenschaften gelobt und anerkannt, und das, weil ich den wichtigen Dingen in meinem Leben Priorität zugesprochen habe, statt mich von den dringenden Dingen verleiten zu lassen. Meine Gesundheit hat davon profitiert, meine Beziehungen haben davon profitiert, und auch mein Geldbeutel hat davon profitiert, durch so etwas Einfaches wie eine Tabelle für die Aufgaben, die tagtäglich anstehen.

Es geht aber nicht immer darum, die richtige Aufgabe zu erledigen, sondern sie auch richtig zu erledigen. Bestimmt hast du bereits von dem Unterschied zwischen effektiv und effizient gehört. Das Richtige zu tun, ist effektiv, und es dann auch noch richtig zu tun, ist zusätzlich effizient. Bisher habe ich dir gezeigt, wie du effektiv sein kannst. Jetzt geht es darum, wie du auch effizient sein kannst.

LISTEN

Wir alle haben schon Listen in den unterschiedlichsten Formen für die unterschiedlichsten Dinge benutzt. Gerade für Aufgaben eignen sie sich hervorragend, um nichts zu vergessen. Doch wir können mit einfachen Schritten viel mehr aus einer Liste herausholen, was uns dabei hilft, Aufgaben effizienter zu lösen. Angefangen beim Ort.

ORTE

Betrachte die vergangene Woche und schau, an welchen Orten du deine alltäglichen Aufgaben erledigt hast. Dir wird auffallen, dass es gar nicht so viele Orte sind. Meistens sind es drei bis fünf Orte.

- Am PC
- Zu Hause
- Unterwegs
- An einem ruhigen Ort

Diese vier Orte sind mir in meinem Alltag aufgefallen. Mehr als 95 Prozent aller meiner Aufgaben erledige ich an einem dieser Orte. Je nachdem, welchen Karriereweg du eingeschlagen hast, stehen bei dir noch zusätzlich das Büro oder andere Orte. Das Interessante ist: Wenn wir alle Orte so gut gruppieren können, warum nutzen wir dies nicht, um auch unsere Aufgaben zu sortieren? Am PC schreibst du z. B. den Bericht für die Arbeit, beantwortest E-Mails und bereitest die Präsentation vor. Zu Hause machst du die Wäsche und sorgst für Ordnung. Unterwegs erledigst du den Wocheneinkauf, verschickst ein Paket und tankst das Auto. Übrig bleibt der ruhige Ort. Hiermit meine ich alle Aufgaben, bei denen du am besten ungestört sein solltest. So plane ich gern meine Woche ungestört und mag es auch, ungestört zu sein, wenn ich meditiere. Dies kann ich wie das Versenden von E-Mails auch

am Schreibtisch machen, jedoch wäre es dann nicht frei von Störungen. Das heißt, all diese Aufgaben unterscheiden sich nicht immer in der räumlichen Trennung, sondern auch in der Art und Weise.

Die Aufgaben lassen sich auch kombinieren und bündeln, sodass du sehr viel Zeit sparen kannst. Wenn du schon am PC sitzt, dann lohnt es sich doch, alle Aufgaben zu erledigen, die am PC erledigt werden können. Wenn du unterwegs bist, dann kannst du alles, was du draußen erledigen wolltest, auch tatsächlich erledigen. Ziel dieser Bündelung ist es, die Zeit zu sparen, die du benötigst, um Vorbereitungen für den jeweiligen Ort zu treffen. Sich z. B. warm anzuziehen und vielleicht noch Eis zu kratzen, wenn du mit dem Auto fahren willst, ist anstrengend und zeitaufwendig, vor allem, wenn du es dreimal machen musst. Bündle also die Aufgaben, die am selben Ort erledigt werden müssen, und arbeite sie dann nach Priorität ab.

ZEIT

Alles, was wir erledigen, benötigt Zeit. So hat es keinen Sinn, für eine Erledigung, die keine zwei Minuten dauert, 30 Minuten zu fahren. Genauso ist es sinnvoll, für viele Aufgaben, die an einem Ort erledigt werden können oder müssen, entsprechend Zeit einzuplanen. Ich statte dafür jede Aufgabe mit einem Zeitstempel aus. Dies kann wie folgt aussehen:

Unterwegs-Liste

- Einkaufen: 30 Minuten
- Paket abholen: 10 Minuten
- Auto waschen: 20 Minuten

Jetzt kann ich mit einem Blick erkennen, dass alle Aufgaben in meiner Unterwegs-Liste schätzungsweise eine Stunde Zeit benötigen und es entsprechend planen. Loszufahren, obwohl ich lediglich 40 Minuten Zeit habe, sorgt nur dafür, dass ich zu einem anderen Zeitpunkt wieder losfahren muss.

ENERGIE

Mit der Energie verhält es sich genauso. Sicherlich hattest auch du schon harte Tage, an denen du abends nur noch erschöpft auf die Couch gefallen bist. Wenn wir die Zeit bei unseren Aufgaben berücksichtigen, dann ist es genauso wichtig, dass wir auch die Energie berücksichtigen, die wir für deren Erledigung benötigen. E-Mails beantworten beispielsweise ist meistens keine geistig fordernde Aufgabe, während hingegen die Kontrolle sensibler und komplexer Informationen für einen Bericht deutlich fordernder ist. Deine Büroliste sieht vielleicht so aus:

Büroliste

- Bericht kontrollieren: 90 Minuten *⚡⚡⚡
- Präsentation Quartalsperformance: 120 Minuten *⚡⚡⚡
- E-Mails beantworten: 20 Minuten *⚡
- IT-Problem klären: 30 Minuten *⚡

Die Symbole *⚡⚡⚡ und *⚡ stehen hier für den geschätzten Energieaufwand. Bei Betrachtung dieser Liste ist es am sinnvollsten, die ersten beiden Aufgaben, die einen besonders fordern, nicht direkt hintereinander oder am selben Tag zu erledigen, sondern sie jeweils mit den weniger fordernden Aufgaben zu kombinieren. Auch hier merkst du, wie du mit einem Blick eine effiziente Möglichkeit gefunden hast, die Aufgaben zu erledigen, ohne dass du an einem Tag absolut erschöpft bist und am nächsten so gut wie nichts Forderndes zu tun hast.

Hast du deine Listen nach Priorität, Ort, Zeit und Energie sortiert, wirst du feststellen, wie leicht es dir fällt, deine Woche so zu strukturieren, dass du die richtigen Dinge tust, Zeit sparst, pünktlicher, präziser und nie überfordert bist. Jetzt fragst du dich sicher, wann du das alles machen sollst. Ich kann dir nach vielen Jahren, in denen ich diese Methode anwende, sagen, dass es mit jedem Mal schneller geht und es mittlerweile zu einer Gewohnheit geworden ist. Aufgaben ohne richtige Einordnung wirken für mich nicht vollständig, und so kann es auch dir gehen. Stell dir vor, wie deine Arbeit aussehen könnte, wenn du diese Methoden anwendest und alle Bereiche deines Aufgabenmanagements und damit deines Lebens verbessern kannst. Ist das nicht das, wonach wir alle streben: mit weniger Aufwand bessere Ergebnisse zu erzielen?

VIELLEICHT- UND HIGHLIGHT-LISTE

Bevor wir mit dem nächsten Kapitel weitermachen, möchte ich noch auf etwas hinweisen: Wir sind Menschen – egal wie gründlich wir auch planen, wir haben keine Garantie, dass wir uns immer an den Plan halten können. Es kann immer sein, dass uns das Leben dazwischenkommt. Dann haben wir oft ein schlechtes Gewissen. Genau dafür habe ich eine Lösung gefunden: Jede meiner Listen hat eine besondere Aufteilung – entweder kennzeichne ich eine Aufgabe mit einem Stern oder mit einem leeren Kreis.

Wenn ich überlege, welche Aufgaben auf der Liste ich z. B. morgen erledigen will, frage ich mich: «Was ist die eine Aufgabe, die mich am meisten weiterbringt? Wenn ich nur eine Aufgabe erledigen dürfte, welche wäre das?» Diese Aufgabe markiere ich mit einem Stern und sie wird meine Highlight-Aufgabe.

In der Kategorie «Vielleicht» ordne ich alle Aufgaben ein, die ich vielleicht erledige. Für diese Aufgaben muss ich Lust, Zeit und Energie haben. Vielleicht-Aufgaben sind nicht von essenzieller Bedeutung, aber es ist ein schönes Gefühl, sie erledigt zu haben. Sie sind sozusagen die Fleißaufgaben von damals in der Schule: Habe ich diese erledigt, bekam ich ein Lob von der Lehrerin. Habe ich sie nicht erledigt, waren dennoch die Hausaufgaben gemacht. Genauso ist es mit den Vielleicht-Aufgaben: Ich freue mich, wenn sie erledigt sind, aber ich habe keine Schuldgefühle, wenn ich sie nicht geschafft habe.

Fassen wir alles zusammen, was du jetzt gelernt hast, dann sehen deine Listen so aus:

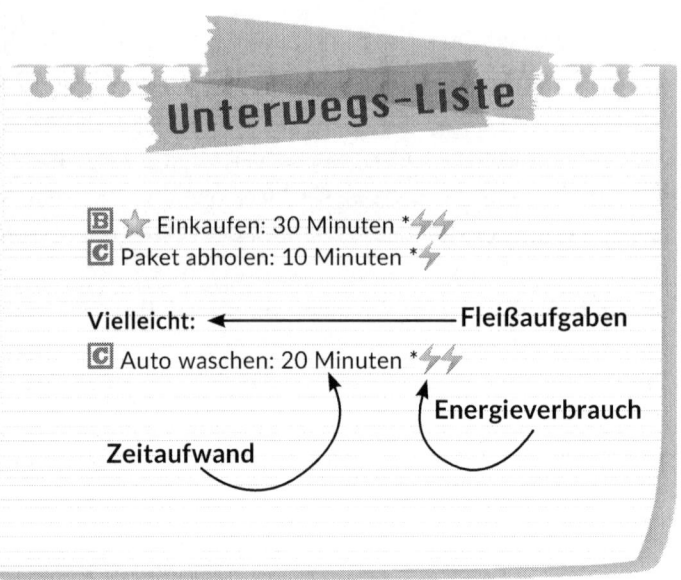

PROJEKTE

Es gibt Aufgaben, die sich nicht einfach so erledigen lassen, sondern in ein Netz aus vielen anderen Aufgaben und Herausforderungen verstrickt sind. Ich meine Projekte. Projekte sind nach meiner Definition mehrere Aufgaben (meistens mehr als fünf), die alle der Erfüllung einer größeren Aufgabe dienen. Das kann alles sein: von dem neuen, großen Bauvorhaben des Architektenbüros über deinen Geburtstag, den du feiern willst, bis hin zur Renovierung deines Wohnzimmers nebst der Erneuerung deiner zusammengewürfelten Möbel, die schon auseinanderfallen. All diese Dinge bestehen nicht nur aus einigen wenigen Aufgaben, sondern ganz vielen, die miteinander verbunden und verstrickt sind. Beispielsweise bringt es dir nichts, die Wände zu streichen, wenn du nicht vorher alle Möbel abgeklebt hast. Und die Lieferung der neuen Möbel, bevor die Baustelle fertig ist, würde nur für ein Riesenchaos sorgen. Diese Dinge erledigst du am besten in der richtigen Reihenfolge. Dazu ist es wichtig, das Ganze als ein Projekt zu sehen.

Immer wenn es um Projekte geht, brauchst du etwas andere Werkzeuge. Bei einer To-do-Liste, wie ich sie eben beschrieben habe, hast du alles, was du brauchst, für jede noch so detaillierte Aufgabe. Jedoch kann das zu Problemen führen, wenn mal ein Projekt ansteht. Ich benutze dann ein etwas anderes System. Um zu verstehen, wie dieses funktioniert, müssen wir zuerst verstehen, welches Werkzeug sich für die Abarbeitung von Projekten aller Art eignet und was es von der eben beschriebenen To-do-Liste unterscheidet.

Wenn wir vor einem neuen Projekt stehen, dann ist es wichtig, dieses flexibel in Teilprojekte unterteilen zu können und diesen Teilprojekten Aufgaben zuzuordnen. Das heißt also, wir erstellen To-do-Listen in To-do-Listen. Ich weiß, es ist eine Liste in einer anderen Liste, aber genau so funktioniert es am besten.

Stell dir vor, du willst dein Wohnzimmer renovieren. Hierzu gibt es viele **Teilprojekte,** denen du die Aufgaben zuordnest: Es gibt die Teilprojekte «Streichen», «Alte Möbel», «Neue Möbel», «Dekoration» und vielleicht auch noch «Entsorgung». Im Teilprojekt «Streichen» stehen Aufgaben wie die Fahrt zum Baumarkt, die Wahl der richtigen Farbe, Pinsel und Rollen sowie alles zum Abkleben. Dagegen ist das Bestellen der neuen Möbel und alles, was damit zu tun hat, eine ganz andere Baustelle. Es reicht hier also nicht aus, alles einfach untereinander zu schreiben, da diese Teillisten ganz andere Bereiche an ganz

anderen Orten mit ganz anderen Kompetenzen abdecken. Sich um die neuen Möbel zu kümmern, ist ein Teilprojekt, bei dem du vielleicht telefonieren und Mails mit Lieferanten austauschen musst, während das Streichen selbst fast nur körperliche Arbeit ist, vom Aussuchen der Farbe einmal abgesehen.

Die zweite Sache, die Projekte besonders macht, ist die **Abhängigkeit** der Aufgaben von anderen Aufgaben. So kann es passieren, dass du im Alltag eine Aufgabe nur dann erledigen kannst, wenn du vorher eine andere erledigt hast. Stell dir vor, du willst deiner Familie mitteilen, wann genau du am Freitag zum Essen kommst. Zuerst musst du aber mit deinem Chef klären, ob du etwas früher Feierabend machen darfst. Die Reihenfolge ist hier ganz klar: erst den Chef fragen, dann der Familie Bescheid geben. Doch bei einem Projekt ist die Verstrickung der Aufgaben meistens tiefer und die Kosten sind höher, wenn du die Reihenfolge nicht beachtest.

Ich nutze gern Emojis, um Abhängigkeiten darzustellen. Warten z. B. mehrere Aufgaben auf eine E-Mail mit wichtigen Informationen, bekommt die Aufgabe mit der E-Mail ein Emoji (lass deiner Kreativität freien Lauf), und alle Aufgaben, die auf diese eine Aufgabe warten, erhalten dasselbe Zeichen. So weiß ich auf einen Blick, dass diese Aufgabe auf eine andere wartet. Ist die Aufgabe dann erledigt, kann ich durch eine einfache Suche das Emoji entfernen, sodass ich mit einem Schlag alle Aufgaben von dieser Abhängigkeit befreit habe und die nächste Aufgabe angehen kann.

Der dritte Aspekt, der bei Projekten anders ist: Aufgaben sind nicht immer erledigt oder unerledigt. Es gibt viele Grauzonen und Zwischentöne. Deshalb ist es ratsam, ein System zu haben, bei dem du dir Notizen machen kannst. In diesen

Notizen halte ich den aktuellen Stand fest oder ich vermerke darin, dass die Aufgabe nicht so erledigt werden kann, wie ich es mir ursprünglich gedacht habe. Beispielsweise suche ich eine bestimmte Farbe für mein Wohnzimmer, die ich ohne Grundierung auftragen kann, nur um dann festzustellen, dass diese Farbe nicht existiert. Ich habe jetzt zwei Alternativen: entweder eine andere Farbe zu nehmen oder mit einer Grundierung zu planen, die natürlich auch Zeitplanung und Budget beeinflusst. So eine einfache Veränderung kann dann schnell Einfluss auf den gesamten Verlauf des Projekts nehmen, weshalb es essenziell ist, nichts zu vergessen. Und dabei können dir die Notizen helfen.

Welches Werkzeug kann uns also diese drei Dinge bieten? Die Antwort ist einfacher, als du denkst, und auch ich musste das erst lernen.

Das Buch «Make Time» von Jake Knapp und John Zeratsky[4] beschreibt viele kleine Techniken, die einem helfen, effizienter zu sein. So schreiben die Autoren zwar auch über Projekte und deren Handhabung, doch mir stellte sich nach dem Lesen die Frage, welches Werkzeug sich letztlich am besten für Projekte eignet. Ich probierte viel aus, aber das beste Werkzeug war eine einfache Notizen-App. Notizen-Apps unterstützen heutzutage viele Formatierungen und auch das Einfügen von kleinen Checkboxen zum Abhaken von Aufgaben. Die Apps sind sehr flexibel, sodass du alles so aufschreiben kannst, wie es für dich passt. So kannst du Teilprojekte ganz einfach als Überschriften festhalten, Abhängigkeiten mit Emojis und Einrückungen darstellen und so viele Anmerkungen festhalten, wie du willst – dafür ist genug Platz vorhanden. Hierbei ist es egal, welche App du benutzt, da fast alle die gleichen Funktionen haben, mit wenigen Ausnahmen. Ich benutze dafür einfach die Erinnerungs-App von Apple.

DIE SCHRITTE EINES PROJEKTS

1. Bestimme Ziel, Zeitraum und Budget deines Projekts

In diesem Schritt ist es wichtig, dass du alle Grenzen deines Projekts festhältst: Was ist das Ziel? Wie viel Zeit darf es in Anspruch nehmen? Wie viel darf es kosten? All diese Dinge solltest du auf jeden Fall vorher klären, denn sonst überschreitest du alle Grenzen. Gern darfst du deinem Projekt einen coolen Namen geben, denn alle erfolgreichen Projekte haben einen coolen Namen.

2. Unterteile dein Projekt in Teilprojekte

Jetzt geht es darum, alle wichtigen Kategorien deines Projekts festzuhalten. Versuche, dir dabei im Zeitraffer die Fertigstellung des Projekts vorzustellen, und fasse dabei so viele Aufgaben zusammen, wie du kannst. Du kannst es dir so ähnlich vorstellen wie bei einem neuen Handy, bei dem du zunächst die Apps in Ordner sortierst und dir überlegst, wie du diese am besten zusammenfassen kannst.

3. Schreibe alle Aufgaben zu jedem Teilprojekt auf

Schreibe jetzt alles kleinschrittig auf und achte dabei darauf, dass du nichts vergisst.

4. Markiere alle Abhängigkeiten

Gehe jedes Teilprojekt durch und markiere mit Emojis jede Aufgabe, die auf die Erledigung einer anderen wartet. Schau danach auch teilprojektübergreifend. Am besten fragst du dich bei jeder Aufgabe: «Kann ich diese Aufgabe jetzt einfach erledigen?» Wenn du diese Frage nicht mit «Ja» beantworten kannst, dann existiert eine Abhängigkeit, die du festhalten solltest.

5. Notizen

Schreib, wann immer du kannst, all die Notizen auf, die dir in dem Moment, in dem du die Aufgabe erledigen willst, helfen sollen. Beispielsweise kannst du bei der Aufgabe «Farbe kaufen» schon all die Eigenschaften, die die Farbe braucht, festhalten.

6. Die Sanduhr

Wenn Abhängigkeiten existieren, gibt es auch immer Dinge, auf die du wartest, wie z. B. bei einer E-Mail an den Vermieter, in der du ihn nach der Beschaffenheit der Wände gefragt hast. Nun kannst du natürlich nicht ohne Antwort fortfahren, weil alles Weitere von dieser Antwort abhängt. Immer wenn das der Fall ist, markiere ich alle Aufgaben mit einem kleinen Emoji wie der Sanduhr. Diese zeigt dir direkt an, dass du hier auf etwas wartest und deshalb gerade nichts mehr tun kannst. Schnell hast du so einen Überblick geschaffen über die Aufgaben, die du wirklich erledigen kannst, und die, die gerade auf andere warten.

SLOW UND FAST BURNER

Eine Technik aus dem zuvor genannten Buch «Make Time», die auch mein Leben in gewisser Weise verändert hat, ist die Idee der Slow und Fast Burner. Moderne Herde in der Küche werden superschnell und gleichmäßig warm, sodass viele dieses Phänomen nicht kennen. Ich hatte allerdings einen Herd, dessen Platten unterschiedlich schnell warm wurden. Es gab sozusagen eine «schnelle Platte», die mit einem roten Punkt markiert war. Immer wenn ich also etwas schnell erwärmen oder zum Kochen bringen wollte, habe ich diese Platte ausgewählt. Wenn etwas hingegen nicht so viel Temperatur brauchte oder auch nicht schnell erhitzt werden musste, konnte ich es auf die anderen Platten stellen. Das waren sogenannte langsame Platten, auch «Slow Burner» genannt.

Dieses Prinzip lässt sich hervorragend auch auf Projekte beziehen. Es gibt Projekte, die du einfach nicht schnell erledigen kannst bzw. sich über einen längeren Zeitraum hinziehen. Genauer genommen kannst du jedes Projekt beliebig in die Länge ziehen, weil du andere Aufgaben priorisierst. Das ist völlig in Ordnung. Es gibt Dinge, die besser funktionieren und langfristiger und nachhaltiger sind, wenn du sie langsam im Lauf der Zeit erledigst. Jeder, der schon einmal eine Diät versucht hat, weiß, was ich meine. Anstatt die Gewichtsabnahme als ein Projekt zu sehen und zu versuchen, fünf Kilogramm in vier Wochen abzunehmen, kannst du das Prinzip «Slow Burner» nutzen und langfristig auf deine Ernährung achten. Das Ziel erreichst du dann nicht in vier Wochen, aber es ist gesünder und auch nachhaltiger für den Körper, eine neue Gewohnheit zu schaffen. So verhält es sich auch mit Sport und der allgemeinen Fitness. Es ist viel einfacher, Muskeln, die du hast, zu erhalten und zu pflegen, als ganz neue aufzubauen, nachdem du sie jahrelang nicht trainiert hast. Ich mache beispielsweise seit vier Jahren jede Woche Sport. Auch wenn der Muskelaufbau am Anfang sehr schwierig war, fällt es mittlerweile ganz leicht, meine Muskeln, Fitness und Ästhetik zu erhalten. Nimmst du dir also Fitness als Ziel vor und stellst es auf den Slow Burner, dann wirst du zwar nicht bis zum Sommer deinen Traumkörper haben, aber eine Grundlage schaffen, auf der du dein Ziel in wenigen Jahren erreichst und die für den Rest deines Lebens hält.

Wie kannst du den Slow Burner für dich nutzen? Zunächst geht es darum, zu entscheiden, was du auf den Slow Burner stellen willst. Damit du das entscheiden kannst, solltest du dich bei allen Projekten fragen, wie schnell dieses Projekt erledigt sein muss. Die Planung des Messestands für die Arbeit auf der Messe nächsten Monat sollte schnell erfolgen. Aber willst du wirklich den Zehn-Tage-«Ultimate Body»-Trainingsplan durchziehen, nur um dann absolut erschöpft zu sein und eine Auszeit zu brauchen? Da lohnt es sich, Fitness lieber zur Gewohnheit zu machen und so langfristige Ziele zu erreichen. Hier hilft es, sich in einem ruhigen Moment zu überlegen, welche Aufgaben eine schnelle Lösung erfordern.

Also zusammengefasst:

1. Bestimme, welche Projekte du wann erreichen willst.

2. Welche Konsequenzen hat es, dieses Projekt schnell oder langsam zu erledigen?

3. Wenn es ein Projekt für den Slow Burner ist, welche Gewohnheiten muss ich dann aufbauen, um es langfristig zu erreichen?

POTENZIAL
Persönlichkeit

9. Lernen

«Man lernt nie aus» ist ein Spruch, der so beliebt ist, dass mittlerweile ein gleichnamiger Film existiert. Und der Spruch stimmt auch. Jeden Tag sind wir umgeben von neuen Impulsen. Manche sind so beeindruckend, dass wir sie uns merken, andere nehmen wir nicht einmal wahr. Betrachten wir die Fähigkeit des Menschen genauer, sich Informationen einprägen zu können, stellen wir fest, dass von dem ganzen Wissen, das auf uns herunterregnet, nicht besonders viel im Gedächtnis bleibt. Es fällt uns sogar schwer, uns zu erinnern, wenn wir uns etwas vorher bewusst merken wollten. Jedes Mal, wenn wir vor einer Prüfung oder Präsentation stehen, merken wir wieder, wie schwer es doch ist, etwas bewusst abzuspeichern. Der Wunsch, dass unser Gehirn wie ein USB-Stick funktioniert und wir uns neue Fähigkeiten wie Neo aus «Matrix» in den Kopf laden können, wird dabei immer größer. Gerade in der heutigen Zeit, die wir nicht umsonst das Informationszeitalter nennen, könnte der Wunsch nach einfachem und langfristigem Lernen nicht größer sein.

Das Problem ist, dass wir unser Gehirn stets missbrauchen. Es geht nicht darum, sich mehr und mehr zu merken, sondern ganz im Gegenteil: Unser Gehirn ist eine Recheneinheit und kein Speicher. Es ist dafür gemacht, dass wir viele Informationen berücksichtigen können, um daraus eine schnelle und gute Entscheidung zu treffen, nicht dafür, dass wir unendlich viel Wissen ohne Fehler darin abspeichern.

Über die Hälfte der Zeugenaussagen stellt sich im Nachhinein als falsch heraus und ebenso kann man Erinnerungen nicht trauen, da man sie leicht verändern kann. Dies fand Gedächtnisforscherin Julia Shaw in ihren Studien[5] heraus. Wie können wir uns also sicher sein, dass unsere Wahrnehmung und unser Gelerntes wirklich der Wahrheit entsprechen? Die Antwort lautet: Wir können es nicht, aber wir sollen es auch nicht. Anstatt unser Gehirn als Festplatte zu missbrauchen, sollten wir es für das nutzen, was es gut kann. Natürlich können wir uns sehr viel merken und noch Jahre später an die kleinsten Dinge erinnern, doch es geht nicht um die Menge des Wissens, die in unser Gehirn passt. Es geht um den anstrengenden und willkürlichen Speichervorgang von Wissen und die Art und Weise, welche Informationen bleiben und welche vergessen werden. Jeder hat einmal eine Klausur geschrieben und festgestellt, dass ihm etwas Essenzielles entfallen ist, doch das Video von dem süßen Hund, der seinen eigenen Schwanz jagt und dabei die Treppe herunterfällt, und das Wissen, dass Biber Händchen halten, während sie schlafen, geht einfach nicht mehr aus dem Kopf. Ganze Titelmelodien können wir auswendig vorsingen, auch wenn wir diese Fähigkeit nie besitzen wollten. Doch genau das wichtige Wissen über die Formel in der Matheklausur fehlt. Es scheint, als entscheide unser Gehirn ganz willkürlich, was es sich merken will und was nicht. Auch wenn es Methoden gibt, diesen Vorgang zu verbessern, ist es dennoch nicht effizient, auf sein Gehirn zu setzen, wenn es darum geht, sich Dinge zu merken.

SECOND BRAIN

Ich habe grundsätzlich damit aufgehört, mir Dinge zu merken. Zwischendurch ist es zwar immer wertvoll, nicht direkt alles zu vergessen, doch ich habe mein Gehirn von unnötigen Kleinigkeiten befreit – getreu dem Motto: «Was du googlen kannst, lohnt sich nicht zu merken». Ich war aber nicht immer so. Ich erinnere mich gern an die Anfangszeit meines Studiums zurück. In dieser Zeit hatte ich einen Google-Kalender, der genau zwei Arten von Terminen hatte: Klausuren, die ich noch schreiben musste, und Zahnarzttermine zur Kontrolle alle sechs Monate. Das war's. Alles andere, was tagtäglich auf mich zukam, habe ich mir gemerkt, und das hat meistens auch ausgereicht. Das Problem ist, dass das Leben nicht einfacher wird, sondern immer komplizierter. So ging meine Strategie, mir einfach alles zu merken, nach hinten los. Es war einfach zu viel geworden. Ich begann, wie man es eben so macht, einen Kalender zu pflegen. Vorgespult zu heute ist die Art und Weise, wie ich mit Informationen, Lernen und Wissen umgehe, eine ganz andere.

Lass mich dir das Prinzip von einem «Second Brain» vorstellen. Die Idee ist, dass du dein Gehirn zum Entscheiden und die moderne Technologie zum Speichern nutzt. Wir Menschen sind unglaublich intelligent, doch sehr schlecht darin, uns Dinge zu merken. Computer sind hingegen nicht intelligent, wie ich durch Diskussionen mit meiner Alexa-Sprachsteuerung feststellen musste. Dagegen können sich Computer sehr leicht Dinge merken. Sie tun es so lange, wie wir es wollen. Warum also nicht die Vorteile von beiden Welten kombinieren? Geboren ist dein Second Brain.

Deinen Tagesablauf sagt dir dein Kalender, denn du sollst dir keine Termine mehr merken.

Alles, was du nicht vergessen sollst, speicherst du in Notizen digital ab, denn du sollst keine Ressourcen und Gedanken damit verschwenden, dich zu erinnern.

Alles, was du lernst, und Erkenntnisse, die du hast, speicherst du ab, um bloß nicht die Millionenidee wieder zu vergessen.

Du machst deinen Kopf frei von Dingen, die Ressourcen verbrauchen, nur um eine Information abzuspeichern. Dein Gehirn ist ab jetzt nur noch zum Denken da und nicht mehr zum Speichern. Wenn mich jemand fragt, was ich heute mache oder wie meine Woche aussieht, weiß ich es einfach nicht. Ich schaue dann in meinen Kalender und kann es präzise mitteilen, ohne etwas zu vergessen. Genauso verhält es sich mit fast allem, was man sich langfristig nur schwer merken kann. Der Effekt, den diese Methode hat, ist enorm. Ich fühle mich geistig frei und nicht gefangen in den Mauern kleiner Informationshäppchen, die ich auf Zwang im Kopf behalten muss. Alles, was du dir merkst, kannst du dir nur merken, weil ein Teil deiner Rechenleistung damit beschäftigt ist, diese Information ständig zu wiederholen. Hast du mal eine Nummer abgetippt oder eine IBAN eingegeben? Du liest ein paar Ziffern, wiederholst sie mehrmals im Kopf und gibst sie schnell ein, sobald das Feld da ist. Genauso verhält es sich mit den vielen kleinen Informationen. Du kannst daher viel besser, klarer und freier denken, wenn du nicht alle deine Ressourcen darauf verschwendest, dir Dinge zu merken, die du auch in fünf Sekunden in eine Notiz tippen kannst. Stell dir vor, du gehst durchs Leben und jede kleine Information, die du dir merkst, ist wie ein Stein, den du dir an dein Bein gebunden hast. Je mehr Steine, desto unbeweglicher bist du. So verhält es sich mit deinem Gehirn. Der erste Schritt des Lernens ist es deshalb, dein Gehirn richtig zu nutzen.

Du fragst dich bestimmt, wie du dir dein Second Brain aufbauen kannst und welche Bestandteile dazugehören. Dann lass uns keine Zeit verlieren und direkt loslegen.

AUFBAU DEINES SECOND BRAIN

Genau wie ein normaler Computer hat dein Second Brain auch einzelne Bestandteile. Stell dir dazu einen normalen Desktop-Computer vor und nicht unbedingt einen modernen Laptop, in dem alles auf engstem Raum integriert ist. Auf der einen Seite hast du alle Geräte, die dazu dienen, Informationen in den Computer einzugeben. Dazu gehören Tastatur, Maus und andere Geräte wie ein Mikrofon. Des Weiteren gibt es Komponenten, die deinen Input verarbeiten, wie Prozessor, Arbeitsspeicher und Speicher, und zu guter Letzt gibt es Geräte, die den Ausgang des Computers darstellen und dir die Ergebnisse mitteilen, wie der Bildschirm und der Lautsprecher.

Unser Second Brain hat genau dieselben drei Bestandteile: Ich nenne sie Input, Verarbeitung und Output. Unsere Aufgabe ist es, für alle drei Bestandteile eine digitale Lösung zu finden, die im Alltag einfach zu bedienen ist, um alles Gelernte abzuspeichern und zu nutzen.

Fangen wir mit dem Input an. Hier stehen all deine Erkenntnisse, die du im Lauf der Zeit sammelst: alles, was du lernst, alle Ideen, die du hast, und all die Informationen, die du nicht vergessen sollst. Grundlage hierfür ist eine Art Datenbank, in der du alles sortiert ablegen kannst. Ich benutze dafür das Programm Notion, aber du kannst jedes Programm nutzen, das dir gefällt. Wichtig ist, dass es die Möglichkeit bietet, Ordner anzulegen und darin kurze oder lange Notizen abzuspeichern. Super ist, wenn das Ganze einfach zu durchsuchen ist und du nicht nur Text abspeichern kannst, sondern auch andere Medien wie Bilder. Eine einfache Ordnerstruktur in der Cloud deiner Wahl ist hierfür völlig ausreichend und erfüllt alle Kriterien. Im Lauf der Zeit kannst du dich mit anderen Apps und Programmen ausprobieren und deine Datenbank nach Belieben auch in andere Apps bewegen. Damit du die Dinge, die in deine Datenbank kommen, auch einfach nutzen kannst, ist es wichtig, diese richtig einzusortieren. Dazu brauchst du Kategorien, die es dir leicht machen. Ich habe folgende gewählt und empfehle dir, diese erst einmal zu kopieren und bei Bedarf deine eigenen Anpassungen vorzunehmen.

- Titel: Überschrift deiner Erkenntnis
  z. B. richtig präsentieren
- Datum: Wann hast du die Information entdeckt?
  z. B. 01.01.22
- Quelle: Woher stammt diese Erkenntnis?
  Buch XY
- Oberkategorie: z. B. Kommunikation
- Unterkategorie: z. B. Körpersprache
- Inhalt:

Bei einer Präsentation ist es wichtig, auf seine Gestik zu achten. Diese nimmt großen Einfluss darauf, wie man wahrgenommen und wie gut die Präsentation bewertet wird. Die wichtigsten sind:

- **Nicken** steigert die Gesprächsdauer im Schnitt um 67 Prozent.
- **Augenbrauen** heben ist ein positives Zeichen, um Aufregung und Akzeptanz auszudrücken.
- **Lächeln** macht uns im Schnitt 9,7-mal sympathischer.

Auf diese Art und Weise speichere ich meine Erkenntnisse ab. Du siehst, es ist auf das Wesentliche begrenzt und bietet mir die Chance, Informationen sehr einfach finden zu können, da ich viele Ansatzpunkte dafür habe. Wenn ich eine Information suche, dann meistens, weil ich sie für ein Projekt brauche, und damit kommen wir zum zweiten Teil: Verarbeitung.

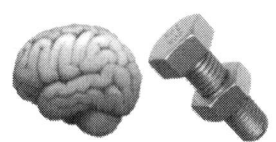

Bei der Verarbeitung geht es darum, die Informationen auf der einen Seite einfach finden und auf der anderen Seite einfach zusammensetzen zu können. Die Idee dahinter ist, nie wieder ohne alles in ein Projekt zu starten. Du kennst dieses Gefühl, vor einer leeren Seite zu sitzen und nicht zu wissen, wie du anfangen sollst. Dein Second Brain hilft dir, genau das zu verhindern. Jetzt fängst du nämlich nicht mit einer leeren Seite an, sondern hast eine Datenbank an Erkenntnissen, die dir dabei hilft, einfacher zu starten. Du fragst dich an dieser Stelle vielleicht, was diese Datenbank von Google unterscheidet. Die Antwort ist ganz einfach: Wenn wir etwas recherchieren, ob online oder offline, müssen wir aus dem ganzen Strom aus Daten erst die Dinge filtern, die relevant sind, und dann zusätzlich die Dinge, die speziell für uns von Nutzen sein können. Dieser Prozess ist äußerst zeitaufwendig und in den letzten Jahren immer zeitaufwendiger geworden. Alle sozialen Medien und große Teile des Internets funktionieren in unserer heutigen Zeit mit Algorithmen, die bestimmen, was wir sehen und was nicht. Diese versuchen stets, zu erkennen, welche Themen uns interessieren und welche nicht, indem sie z. B. messen, wie lange wir uns gewisse Dinge anschauen. YouTube geht davon aus, dass dir das Video gefallen hat, wenn du es von Anfang bis Ende ansiehst, statt zu springen. Instagram schlägt dir die Accounts vor, die zu den Accounts passen, die du am längsten betrachtest. TikTok zählt die Sekunden, die du auf jedem Video verbringst, und glaubt, dass du das Video interessanter findest, je länger du schaust. Doch das ist nicht immer richtig. Bill Gates hat einmal gesagt:

> «Wenn ich eine schwierige Aufgabe habe, dann gebe ich sie dem Faulsten, denn er wird die einfachste Lösung finden.»
>
> Bill Gates

An diesem Zitat ist viel Wahres dran, denn motiviert durch die Faulheit findet die Person die einfachste und meistens auch schnellste Möglichkeit zur Lösung. Dieser Gedanke widerspricht der Art und Weise, wie soziale Medien und die Algorithmen dahinter funktionieren. Wenn ich den Nutzer dazu bringe, sich ein zehn Minuten langes YouTube-Video anzuschauen für ein Thema, das ich in 30 Sekunden beantworten kann, dann habe ich in den Augen des Algorithmus ein beliebtes Video geschaffen, aber kein effizientes. In einer Welt, in der Aufmerksamkeit die Währung ist, wird jeder versuchen, dich so lange es geht auf der Plattform zu halten, um dir so viel Zeit und Aufmerksamkeit wie möglich zu nehmen, auch wenn man die Lösung einfacher und schneller finden kann. Eine einfache und schnelle Lösung bietet der Plattform nicht viele Chancen für Werbeeinnahmen. Wenn du deine Antwort bereits innerhalb von 30 Sekunden in einem YouTube-Video gefunden hast, dann kann man maximal zehn Sekunden davon für Werbung nutzen. Doch wenn sich das Video unnötigerweise auf zehn Minuten zieht, kann dir viel mehr Werbung gezeigt werden. Beobachte dieses Phänomen und du wirst feststellen, wie viele Inhalte, vor allem die viralen, viel Zeit verschwenden, statt einfach zum Punkt zu kommen. Das ist der Grund, warum deine Datenbank genial ist. Einfach gesagt, versuchen die modernen Medien ein Fünf-Minuten-Problem in 20 Minuten zu lösen, um die Werbezeit zu maximieren. Das ist aber gerade nicht das, was du willst. Du hast die Möglichkeit, die Essenz aller Erkenntnisse deiner Lebenserfahrung an einem Ort zu speichern und jederzeit abzurufen. Dein Second Brain soll dabei kein Ersatz für Google sein, sondern eine Unterstützung deines Gedächtnisses.

Wann immer du vor einer neuen leeren Seite stehst und dich fragst, wie du anfangen sollst, suchst du einfach in deinem Second Brain nach allen Erkenntnissen der Vergangenheit, die mit diesem Thema zu tun haben. In kürzester Zeit hast du viele, auf den Punkt gebrachte Informationen, die dir genau dabei helfen. Auch ich habe dieses Buch auf diese Art und Weise geschrieben. Ich habe mich gefragt, welche Inhalte ich dir nahebringen will, und dann in meinem Second Brain all die Dinge herausgesucht, die mir dabei geholfen haben.

Jedes moderne Programm und jeder moderne Computer hat eine Suchfunktion, die das Finden deiner Erkenntnisse einfach macht. Doch wie geht es weiter?

Im Schritt der Verarbeitung ist es wichtig, dir einen Baukasten zu bauen, der dir beim kreativen Prozess hilft. Hast du einmal alle Informationen gefunden, die du brauchst, dann geht es jetzt darum, sie sinnhaft zusammenzusetzen. Hierbei betrachtest du nun die Informationen aus der Sicht deines Projekts und fügst das zusammen, was du brauchst. Ich nenne meinen Baukasten «Maßnahmen».

Vor einiger Zeit hatte ich in der Führung meines Teams die Herausforderung, dass alle auf ihre Art und Weise arbeiteten und keine richtige Struktur vorhanden war, die eine gemeinsame Planung und zielgerichtete Arbeit möglich machte. Auch ich konnte jedem Einzelnen weniger helfen, da die Art und Weise, wie die Woche geplant und umgesetzt wurde, immer eine andere war. Ich habe lange überlegt, wie ich das lösen kann und welche Struktur sich im gesamten Team integrieren lässt. Ich suchte nach all den Dingen, die ich je über Führung, Kommunikation, Zeitplanung und Zielsetzung gelernt hatte, und setzte diese zusammen. Vieles ergänzte sich. So konnte ich aus diesen zwei Dutzend Einträgen in meiner Datenbank etwas bauen, was mit allen Erkenntnissen im Einklang stand und mir bei meiner Herausforderung half. Die Lösung war, nicht nur eine Struktur für die Wochenplanung vorzugeben, sondern diese mit Methoden aus der Mitarbeiterführung so vorzustellen, dass sie auch angenommen wird. Das Ganze habe ich mit dem Gelernten aus dem Bereich der Kommunikation und Präsentation so aufbereitet, dass das Team sich freute, nach dieser neuen Methodik zu arbeiten. All das wäre nicht möglich gewesen, wenn ich nicht alle Erkenntnisse der letzten Jahre auf Abruf gehabt hätte. Das meiste hätte ich vergessen und den Rest hätte ich unvollständig und ohne Detailorientierung halbherzig präsentiert.

Zusammengefasst bedeutet das für dich, dass dein Baukasten es dir so einfach wie möglich machen sollte, die Informationen zu verarbeiten. Ich empfehle dir, unterschiedliche Methoden auszuprobieren, bis du diejenige findest, die am besten zu dir passt. Ich persönlich nutze am liebsten einen Tablet-Computer oder ein Mindmap-Programm, doch du kannst genauso gut ein großes Blatt Papier mit Post-its verwenden. Das ist ganz dir überlassen. Aber nutze die Chance, auszuprobieren, welche Methode am besten zu dir passt. Ich kenne Menschen, die mit vielen Farben auf Papier planen, und andere, die mit vielen großen Blättern an einer ganzen Wand arbeiten. Solange es zum Ergebnis führt, ist es richtig. Achte darauf, alles, was du machst, abzuspeichern, sodass es nicht verloren geht. Einscannen oder abfotografieren reicht völlig aus, solange du es in ein Programm importierst, das dir ermöglicht, deine Fotos und Scans zu durchsuchen.

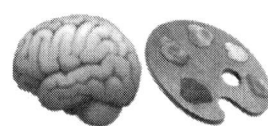

Der dritte Bereich deines Second Brain ist der Output. Hier geht es darum, dass die verarbeiteten Informationen Ergebnisse produzieren. In diesem Schritt ist es grundlegend, in Systemen zu denken.

Du warst bestimmt schon einmal in einem McDonald's und sicherlich auch in einem McDonald's in einem anderen Land. Über das Essen und wie gesund es ist, darüber kann man sich streiten, aber es ist stets beeindruckend, dass in jedem dieser Schnellrestaurants die Erfahrung, die du machst, sehr ähnlich,

> **POTENZIAL**
> Persönlichkeit

wenn nicht sogar identisch ist. Alle Läden haben eine ähnliche Inneneinrichtung, du bestellst auf dieselbe Art und Weise und die Qualität des Essens und Art der Zubereitung sind ebenfalls überall fast identisch. Wenn du dann noch berücksichtigst, wie voll ein McDonald's zu bestimmten Zeiten an beliebten Orten werden kann, dann ist es beeindruckend, dass die Qualität so konsistent gehalten wird. Hinzu kommt, dass die meisten Läden von sehr jungen Menschen geführt werden, die meistens nur auf einen Nebenerwerb aus sind, um sich z. B. das Studium zu finanzieren. Wie kann das also sein, dass ein Restaurant überall auf der Welt zu finden ist, meistens von unerfahrenen Arbeitskräften geführt wird und dabei so konsistent ist, wie wir es kennen – bei einem Kundenandrang, der an so mancher Raststätte zu Ferienzeiten erschreckend sein kann? Die Antwort lautet: Das System stimmt. Alles in einem McDonald's folgt einem festgelegten Ablauf mit Anleitungen, die jeder einfach und schnell verstehen und befolgen kann. Von den Sekunden, die jede Bulette gegrillt wird, bis hin zur Anzahl an Gürkchen und deren Position auf dem Brot ist alles geregelt. Es gibt keinen Raum für Inkonsistenz. Das gewährleistet diesen beeindruckenden Service.

Für unser Second Brain und unseren Output heißt das, dass wir uns davon eine Scheibe abschneiden sollten. Dein Ziel sollte es sein, deine Erkenntnisse so zu nutzen, dass du dein daraus resultierendes Ergebnis immer und immer wieder reproduzieren kannst. Du erschaffst sozusagen jedes Mal ein neues System, indem du den gesamten Ablauf dokumentierst und stets optimierst.

In meiner Zeit als Teamleiter gab es eine Phase, in der ich meistens damit beschäftigt war, meinem Team, zumindest aus meiner Sicht, Banalitäten zu erklären. Aus der Sicht meines Teams waren es keine Banalitäten. Sie hatten recht damit, dass diese Kleinigkeiten nirgends erklärt waren. So verbrachte ich viel Zeit damit, immer und immer wieder dieselben Fragen zu beantworten, und sehnte mich nach einer besseren Lösung. Die Lösung war dabei stets vor meiner Nase. Wenn ich die Antwort auf die meisten Fragen weiß, kann mein Wissen abrufbar sein, ohne dass ich vor Ort und Stelle sein muss, um dieses Wissen zu teilen. Ich nahm also meinen Kalender und plante die kommende Woche, so wie ich es für gewöhnlich tue, nur mit einem Unterschied. Ich verlängerte jeden Termin um 50 Prozent. Wenn ein Termin eine Stunde dauerte, dann plante ich mir 1,5 Stunden ein. In dieser Woche nutzte ich die Zeit, die ich jetzt mehr zur Verfügung hatte, und schrieb für jede Tätigkeit, die ich ausführte, eine Anleitung darüber, wie ich sie ausführte, mit allem, was dazugehörte. Hatte es mit der Bedienung eines Programms zu tun, dann schrieb ich eine Anleitung mit Bildern, wie man das Programm für den Zweck bedient, für den ich es zuvor genutzt hatte. Hatte ich einen Termin mit einem Kunden und zeigte in diesem Termin besondere Schaubilder auf unübliche Fragen, die mein Kunde stellte, dann erstellte ich einen Ordner mit genau diesen Schaubildern und eine Liste, wie man auf diese unüblichen Fragen antwortet. Nicht jede Woche ist gleich und so gibt es immer Besonderheiten, die jede Woche anders machen. Doch in jedem Beruf wiederholen sich Abläufe, Gespräche, Fragen und die dazugehörigen Antworten. Indem ich eine Woche lang zu allem eine Anleitung schrieb, hatte ich zu drei Viertel meiner täglichen Arbeit nun eine Anleitung. Wenn mein Team jetzt Fragen hatte, konnte ich ihnen die Anleitung geben und mich wieder meiner Arbeit widmen. Ich investierte damit eine Woche mehr Zeit als sonst, genauer, 50 Prozent, doch sparte ich unendlich viel Zeit in den vielen Wochen, Monaten und Jahren danach. Ich hatte ein System geschaffen, das durch die Dokumentation im Lauf der Zeit noch verbessert werden konnte.

Meine Anleitungen basierten auf den Erkenntnissen, die ich in der Zeit gesammelt hatte, und wurden mit der Zeit mit

POTENZIAL
Persönlichkeit

Erkenntnissen, die neu hinzukamen, verbessert. Ich habe so, ähnlich der Programmierung einer App, immer wieder neue Versionen meiner Anleitungen herausgebracht und dem Team zur Verfügung gestellt.

Wenn du also vor einem Problem, einem Projekt oder einer Herausforderung stehst, dann befolge genau diese Schritte, um dein eigenes System zu bauen.

Schau in deine Erkenntnisse und suche die heraus, die mit deinem Projekt zu tun haben.

1. Setze alle Informationen neu zusammen. Achte auf:
   a. Wissenslücken, die du vervollständigen musst,
   b. Informationen, die überflüssig sind und deiner Sache nicht dienen.

2. Führe nun dein Projekt zu Ende und dokumentiere jeden Schritt, jede Frage und jede Besonderheit.

3. Schreibe deine Dokumentation in eine Anleitung um, indem du bei jedem deiner dokumentierten Schritte überlegst, wie sich dieser am einfachsten erklären lässt.

Du kannst hierbei gern kreativ werden. Nutze Sprachaufnahmen, Videos, Bilder und alle Medien, die dir noch einfallen, um für dein Projekt das perfekte System zu bauen. Ziel ist es, dass du nur noch in den seltensten Fällen etwas tust, das nicht reproduzierbar, skalierbar oder verbesserbar ist. Auch wenn es mehr Mühe am Anfang bedeutet, wirst du feststellen, dass du schon nach kurzer Zeit deutlich effizienter bist und viel mehr in viel weniger Zeit schaffst. Dein Gehirn macht das, wofür es gut ist: denken, Lösungen finden und Entscheidungen treffen. Deine Anleitungen und dein Second Brain übernehmen die Aufgabe, deine schlauen Gedanken abzuspeichern und durch deine Systeme und Anleitungen reproduzierbar zu machen. In der Sekunde, in der du entweder selbstständig bist und einen Mitarbeiter einstellst oder in eine Führungsposition befördert wirst, wirst du merken, wie wertvoll diese Arbeitsweise ist. Denn du kannst große Bereiche deiner Arbeit mit einem Schlag an deinen neuen Mitarbeiter abgeben oder deinem Team beibringen.

JOURNALING

Hätte man mir noch vor ein paar Jahren gesagt, dass ich einmal Tagebuch schreiben und dies ein essenzieller Teil meines Alltags sein würde, hätte ich es nicht geglaubt. Doch je mehr ich mit dem Thema in Berührung kam und mich damit auseinandersetzte, umso mehr fand ich heraus, wie vorteilhaft es sein kann, ein Journal zu führen. Es bietet uns die Chance, uns von fesselnden Gedanken zu befreien. Die Gedanken in Worte zu fassen und aufzuschreiben, verschafft uns nicht nur Klarheit, sondern gibt uns auch die Möglichkeit, bewusster zu reflektieren und dadurch das eigene Verhalten zu optimieren.

Viele erfolgreiche Menschen nutzten diese einfache Methode. Unternehmer und Autor Tim Ferriss fand durch seine jahrelange Arbeit mit, wie er sie nennt, Mentoren aller Art heraus, dass über 90 Prozent dieser erfolgreichen Menschen ein Journal führen. Jetzt kannst du natürlich wie ich Jahre damit verbringen, kein Journal zu führen, und durch Schmerz irgendwann darauf kommen, dass es womöglich doch Sinn hat. Oder du nutzt die einfachste Form des Lernens, das Nachmachen, und vertraust all diesen schlauen Menschen.

Im Lauf der Zeit habe ich sehr viel über Journaling gehört und gelesen. Dabei habe ich immer neue Techniken kennengelernt, die teilweise die alten Techniken ergänzten, aber auch teilweise ersetzten. So habe ich mein Journal immer und immer wieder angepasst, bis es zu dem geworden ist, das ich

heute täglich nutze. Es stellt das Rückgrat meiner Planung, meines Erfolgs und meiner Disziplin dar. Ich möchte dir ganz genau erklären, wie mein Journal funktioniert und warum du es übernehmen und im Lauf der Zeit anpassen solltest. Zunächst klären wir jedoch, was in ein Journal gehört.

Inhalt eines Journals
Der Inhalt eines Journals lässt sich in drei Kategorien unterteilen:

- Planung
- Sammlung
- Reflexion

Ziel der Planung ist, deinen Kopf von den Verpflichtungen des Alltags freizumachen und dein Journal diese Last tragen zu lassen. Hierbei nutzt du die flexiblen Möglichkeiten deines Journals, um auf der einen Seite nichts zu vergessen und auf der anderen Seite langfristiger zu planen, als es ohne Journaling möglich wäre.

Bei der Sammlung geht es darum, all die Dinge festzuhalten, die dir langfristig nutzen könnten, aber zu schwierig zum Merken sind. Diese Methode sorgt dafür, dass du viel besser über Fortschritte urteilen kannst, da du Mitschriften hast, welche die Änderungen belegen.

Zu guter Letzt kommen wir zu all den Dingen in deinem Journal, die mit Reflexion zu tun haben. Hierbei geht es darum, deine Achtsamkeit und Klarheit immer weiter zu erhöhen, sodass du ein bewussteres Leben führst und damit ausgeglichener wirst.

Jetzt, da du weißt, was du alles in einem Journal finden kannst, stellt sich die Frage: Wie führe ich mein Journal und wie solltest du deines führen?

Aufbau des Journals
Ich sortiere mein Journal immer nach Zeit. Das heißt, ich habe jeweils eine Seite für einen Tag, eine Seite für jede Woche des Jahres, eine Seite für jeden Monat und eine Zusammenfassung für jedes Jahr. Ich starte mit meinen täglichen Seiten und fülle im Laufe des Tages die ganze Seite aus, während ich gelegentlich einen Blick auf den Wochenplan werfe. Am Ende jeder Woche plane ich die nächste und werfe einen Blick auf den Monatsplan. Am Ende jedes Monats plane ich den nächsten, reflektiere den vergangenen und schaue auf meine Jahresseite.

Zusammengefasst wie folgt:

Täglich:
Tagesplan und Wochenplan

Wöchentlich:
Wochenplan und Monatsplan bzw. Reflexion

Monatlich:
Monatsplan bzw. Reflexion und
Jahresplan bzw. Reflexion

So habe ich den größten Überblick und – wie ich festgestellt habe – die meisten Vorteile durch eine so einfache Gewohnheit wie Journaling. Jetzt hast du im Kapitel über Planung schon alles kennengelernt, was ich in meinen Wochenplan schreibe. Das heißt, der Wochenplan dient mir als Planungseinheit und operative Übersicht all meiner Lebensfelder. Doch wie sieht es mit den anderen Seiten aus?

Der perfekte Tagesplan

Mein Tag besteht aus zwei Bereichen: Einen Bereich fülle ich planend und sammelnd am Anfang und während des Tages aus. Den anderen Bereich fülle ich reflektierend am Ende des Tages aus.

Wie mein Tagesplan aussieht, zeig ich dir jetzt:

Schlafjournal Wie habe ich geschlafen? Was habe ich geträumt? Dankbarkeit: Wofür bin ich dankbar?	Ideen Welche besonderen Ideen hatte ich heute?
Tagesziele Welche Aufgaben werde ich heute erledigen? - - Vielleicht-Liste:	**Erfolge** Was lief heute gut? Was habe ich erreicht?
Erkenntnisse Was habe ich heute gelernt?	**Optimierung** Worüber habe ich mich heute gefreut? Was hat mir heute die meiste Energie geraubt?

Du siehst, jedes Feld enthält Fragen, die ich täglich beantworte. Diese sind so optimiert, dass ich mich passend zur jeweiligen Tageszeit auf die Dinge konzentrieren kann, die wichtig sind. Das Schlafjournal und die Dankbarkeitsübung helfen mir, positiv in den Tag zu starten. Die Tagesziele und Erkenntnisse helfen mir, den Überblick zu behalten und produktiv zu sein, während ich neu Gelerntes aufschreibe. Schließlich hilft die rechte Spalte, über mich selbst und meinen Tag zu reflektieren, sodass ich rückblickend viel lernen kann.

POTENZIAL
Persönlichkeit

Es gab eine Zeit, in der ich versuchte, ein Morgenmensch zu werden, beeindruckt vom «5am Club» und vielen erfolgreichen Menschen, die den Tag sehr früh beginnen. Damals stand ich früh auf und versuchte, durch die neu gewonnenen ruhigen Morgenstunden mehr zu schaffen. Ich musste aber nach kurzer Zeit feststellen, dass ich sehr müde war. So stand häufig in meinem Optimierungsfeld, dass mir die Müdigkeit zu viel Energie geraubt hat, um wirklich produktiv zu sein. Ich ging der Sache nach, da ich eigentlich genug schlief. Ich fand heraus, dass wir uns zwar an bestimmte Uhrzeiten gewöhnen und durch eine gute Schlafhygiene besser darin werden können, zu bestimmten Zeiten aufzustehen. Aber unser natürlicher Rhythmus wird von etwas bestimmt, das den Ursprung in unserer Genetik hat und «Chronotyp» genannt wird. Das heißt, dass wir in einem natürlichen Zeitfenster von acht Stunden pro Tag dazu neigen, zu schlafen. Meines ist aus jahrelanger Erfahrung am ehesten zwischen 01:00 und 09:00 Uhr. Wenn ich mich also zwinge, von 21:00 bis 05:00 Uhr zu schlafen, dann entspricht das nicht meinem Chronotyp und wird mich Energie kosten. Auch wenn ich dieselbe Anzahl an Stunden schlafe, werde ich nicht so fit sein, wenn ich gegen meinen Chronotyp arbeite. Diese Erkenntnis hat viel verändert. Ich wusste nun, wie ich meinen Tag zu strukturieren hatte, und das durch eine einfache Monatsreflexion.

Jeden Monat alle Felder einmal durchzugehen und nach Mustern zu suchen, hat mir dabei geholfen, diesen so essenziellen Bereich meines Lebens deutlich zu verbessern. So habe ich über die Jahre immer wieder die Erfahrung gemacht, dass mein Journal mich Dinge erkennen lässt, die ich sonst vergessen hätte. Wie kannst du den Tagesplan für dich umsetzen? Ich empfehle dir, das Medium deiner Wahl zu wählen und dieses immer bei dir zu tragen. Hältst du Dinge gern digital fest, dann such dir z. B. eine gute Notizen-App, die dir die

Flexibilität bietet, dein Journal darin zu pflegen. Schreibst du Dinge gern auf Papier, dann kauf dir ein kleines Notizbuch und bereite die Seiten entsprechend vor. Im Lauf der Zeit entsteht so eine anschauliche Sammlung an Notizbüchern der vergangenen Jahre. Und wenn du Dinge gern mit einem Stock in den nassen Sand ritzt, dann mach weiter so. Wichtig ist, dass du anfängst, dein Journal zu führen und es immer weiter anzupassen.

MEIN MONATSRÜCKBLICK

Jetzt weißt du, wie ich meine Tage festhalte und meine Wochen plane. Schauen wir uns nun die Monate an. Ziel meines Journals ist es, auf der Monatsebene kontinuierlich die wichtigsten Lebensbereiche zu reflektieren: Zu Beginn eines Monats bzw. zum Ende hin betrachte ich den vergangenen Monat und suche Muster. Aus diesen formuliere ich Maßnahmen für den kommenden Monat. Das kann beispielsweise so aussehen:

- Ich merke, dass ich aufgrund des frühen Aufstehens häufig müde bin.

- Ich formuliere eine Maßnahme für den neuen Monat: «Ziel: Tage so zu planen, dass ich nicht zu früh starte (dem Chronotyp entsprechend) und dennoch genug Produktives schaffe».

- Ich überlege mir Schritte, wie ich das schaffen kann, z. B.: keine Termine vor 8:30 Uhr, dafür nach hinten heraus eine Stunde länger arbeiten bzw. am Abend einfache Planungen durchführen.

Das mache ich für jeden Bereich, den ich dabei auf einer Skala von «0» bis «100» bewerte. «100» heißt, es lief alles perfekt, und «0» heißt, es lief katastrophal. Die Bewertungen helfen mir dabei, auf einen Blick Trends zu erkennen und Bereiche, die ich optimieren muss, ohne dabei all die Dinge, die gut bzw. schlecht liefen, erneut lesen zu müssen. Du musst dabei nicht immer für jeden Bereich etwas zum Optimieren finden. Häufig wirst du merken, dass du in einem Bereich einen tollen Monat hattest und deine einzige Aufgabe darin besteht, genauso weiterzumachen. Hast du dir in deinen Lebensbereichen Verbesserungen gesucht, dann ist es deine Aufgabe, dich einen Monat daran zu halten und am Ende zu prüfen, ob diese Maßnahmen hilfreich waren. Wie auch im Kapitel über Formen des Lernens erklärt, ist es nicht wichtig, dass alles perfekt läuft, sondern dass du kontinuierlich durch interaktives Lernen kleine Verbesserungsschritte machst.

Welche Bereiche solltest du in deinem Monatsrückblick verfolgen? Ich habe hier eine feste Liste an Dingen, die immer Teil meines Lebens sind, jedoch kommen selten auch neue Dinge hinzu oder verschwinden alte. Dies ist immer dann der Fall, wenn sich Wichtiges in meinem Leben ereignet, etwas, das meinen Alltag verändert.

Wichtig: Die Liste ist identisch zu den Feldern des Lebens, die ich zu Beginn dieses Buches genannt habe, und du sollst sie auch identisch halten. So gesehen ist das Journal in diesem Bereich das Werkzeug, um die richtige Planung aus Kapitel 5 umzusetzen.

Meine Liste sieht wie folgt aus:

- **Finanzen:**
  beschreibt meinen Umgang mit Geld

- **Beziehungen:**
  beschreibt die Beziehungen zu Freunden, meiner Lebensgefährtin und meiner Familie

- **Gesundheit:**
  beschreibt meine Fitness, Ernährung und geistige Gesundheit

- **Gewohnheiten:**
  beschreibt meine alltäglichen Routinen und deren Erfolgsaussichten

- **Mindset:**
  beschreibt mein Streben danach, nie auszulernen, meinen Optimismus zu behalten und meine Disziplin bzw. alles, was darauf Einfluss nimmt, zu fördern

- **Berufung:**
  beschreibt alles Berufliche, meine Erfüllung durch die Arbeit und das Streben nach Verbesserung meiner Fähigkeiten

Ich bewerte mich in den obigen Bereichen jeden Monat und stelle fest, wenn ein Bereich auf der Strecke bleibt. Meistens bedeutet der Fokus auf einen Bereich, dass die entsprechende Zeit woanders fehlen wird. So war in dem Monat, in dem ich mit meiner Lebensgefährtin zusammengezogen bin, viel zu tun, weshalb ich weniger Zeit für meine Sportroutine hatte und die Bewertungen in den Lebensfeldern «Gewohnheiten» und «Gesundheit» etwas schlechter als sonst ausfielen. Dies ist ganz normal, jedoch ist das Bewusstsein dafür notwendig, um leichte Abweichungen nicht zu größeren Differenzen werden zu lassen. Während es zu Beginn schwerfällt, in allen Bereichen besser zu werden, wird es schon nach wenigen Monaten fast zur Routine, sich um alle Bereiche zu kümmern.

Im Lauf der Zeit habe ich ein Feld in meinen Monatsrückblick eingefügt, das sich zu meinem Lieblingsfeld entwickelt hat. Ich nenne es «Menschen und Ereignisse». So wie der Name sagt, fülle ich dieses Feld mit einer Liste von allen besonderen Ereignissen des jeweiligen Monats und füge auch Bilder von diesen Ereignissen hinzu. Du kannst dir vorstellen, dass mittlerweile eine Datenbank mit allen tollen Ereignissen der letzten Jahre entstanden ist, mit all den Menschen, die mich dabei begleitet haben. Rückblickend ist es sehr schön, durch dieses Feld zu gehen und all diese Momente abrufen zu können.

DIE JAHRESAUSWERTUNG

Es bleibt nur noch ein Zeithorizont übrig, und das ist das Jahr. Für diesen Bereich möchte ich dir nicht viel vorgeben, denn dies ist ein individueller Prozess, der mit Ruhe und Selbsterkenntnis zu tun hat. Bei der Betrachtung des vergangenen Jahres nehme ich mir viel Zeit und lasse die vergangenen Monate auf mich wirken. Es ist mir wichtig, wie in einem Highlight-Video durch das Jahr zu gehen und die schönen Momente noch einmal aufzugreifen. Diese Übung erdet mich, da ich so die vergangene Zeit bewusster und mit mehr Dankbarkeit wahrnehme. Auch wenn die meiste Zeit meiner Jahresauswertung ein eher meditativer Prozess ist, schreibe ich auch hier Dinge auf. Ich stelle mir rückblickend folgende Fragen:

- Was waren meine größten Erfolge im vergangenen Jahr?

- Welche Menschen haben mich durch das Jahr begleitet und welche Rolle haben sie gespielt?

- Wofür bin ich dankbar?

- Wem oder was hätte ich mehr Aufmerksamkeit schenken sollen?

POTENZIAL
Persönlichkeit

- Wenn ich das Jahr in einem Satz beschreiben soll, dann würde dieser so lauten: ...

Zu jeder Frage nehme ich mir genug Zeit, um nichts zu vergessen. Es sind genau diese Fragen, die es mir erlauben, ein bewusstes und glückliches Leben zu führen. Wichtig ist, dass du bei dieser Übung nicht zu streng mit dir selbst bist. Du hast, auch wenn du nicht zufrieden mit deinem Jahr bist, das Beste gemacht, was du in den Momenten tun konntest. Im Nachhinein weißt du es besser. Das ist auch gut so, denn jetzt bist du besser gewappnet für die Zukunft. Es bringt dir nichts, dich selbst zu bestrafen.

10. Persönlich-keiten

«Wenn eine Persönlichkeit mich fesselt, wird jede Form des Ausdrucks an ihr zum Genuss.»

Oscar Wilde

Im Lauf unseres Lebens begegnen wir den unterschiedlichsten Persönlichkeiten. Bei manchen Menschen wissen wir schon im ersten Moment, dass eine besondere Bindung besteht und wir uns mit ihnen auf eine Art und Weise verstehen, die wir nur schwer erklären können. Bei anderen spüren wir, noch bevor wir das erste Wort mit ihnen ausgetauscht haben, dass es schwierig werden wird, mit ihnen auf engstem Raum Zeit zu verbringen. Nichts ist so schnell zu sehen und gleichzeitig so schwer zu fassen wie die Persönlichkeit eines Menschen. Seit vielen Jahrhunderten schon, wenn nicht sogar seit Jahrtausenden, versuchen die Menschen zu verstehen, wie unsere Persönlichkeit genau funktioniert. Warum wir so sind, wie wir sind. Dadurch sind die unterschiedlichsten Erklärungen entstanden. Aktuell ist die Wissenschaft der Meinung, die Persönlichkeit wird zum größten Teil durch unsere Erfahrungen bestimmt. Diese Antwort ist genauso hilfreich, wie sie neue Fragen aufwirft. Unsere Erfahrungen sind demnach alles, was wir durch unsere Sinne wahrnehmen. Also könnte man behaupten, dass unsere Persönlichkeit – einfach ausgedrückt – durch alles bestimmt wird.

Meine erste Begegnung mit diesem Thema war, als ich mehr oder weniger durch Zufall auf das Buch von Dale Carnegie «Wie man Freunde gewinnt» gestoßen bin. Es hat mich

fasziniert und auch sehr geprägt, doch noch mehr hat es mich motiviert, der Frage auf den Grund zu gehen, wer ich bin und was die eigene Persönlichkeit ausmacht. Im Lauf der Jahre habe ich alle möglichen Persönlichkeitstests kennengelernt und war jedes Mal aufs Neue fasziniert, wie sehr die Beschreibungen auf meine Handlungsweise zutreffen.

PERSÖNLICHKEITSTESTS

Persönlichkeitstests gibt es wie Sand am Meer. Von schnellen kurzen Tests, die man immer wieder auf Social Media findet, bis hin zu den bekannteren Tests, die von großen Konzernen dafür verwendet werden, ihre Mitarbeiter besser zu verstehen und gute neue Kandidaten zu identifizieren. All diese Tests versuchen, mit meistens einfachen Fragen zum eigenen Verhalten auf Muster zu schließen und die Person einer Kategorie zuzuordnen. So hat jeder Persönlichkeitstest unterschiedliche Ergebnisgruppen, denen du zugeordnet werden kannst. Du kannst es dir vorstellen wie in «Harry Potter und der Stein der Weisen»: Der magische Hut entscheidet nach wenigen Sekunden auf deinem Kopf, zu welchem Haus in Hogwarts du am ehesten passt. Genau so funktionieren auch die Persönlichkeitstests mit ihren individuellen Fragen. Diese Fragen können kurz oder lang, viele oder wenige, komplex oder einfach sein, was zur Folge hat, dass du das Ergebnis und dessen Wert hinterfragen musst. Inwiefern kann man eine Persönlichkeit beschreiben nach einigen einfachen Multiple-Choice-Fragen? Und ist das Ergebnis in irgendeiner Weise aussagekräftig? Das Schöne ist: Es gibt auch hierfür in Deutschland eine Norm: DIN 33430 bestimmt, wann sich ein Persönlichkeitstest für die Prüfung eignet, ob man zu einem bestimmten Beruf passt. Vermutlich hast du auch einmal einen Persönlichkeitstest gemacht, ob für die Arbeit oder privat zum Vergnügen. Auch wenn sicherlich jeder die Ergebnisse eines Persönlichkeitstests interessant findet, so ist der richtige Umgang damit wichtig.

ERKLÄRUNG VON PERSÖNLICHKEITSTESTS

Ein Persönlichkeitstest ist immer nur eine Orientierung. Wir Menschen sind emotionale Wesen. So kann es sein, dass du zu unterschiedlichen Ergebnissen gelangst, wenn du denselben Test zu unterschiedlichen Zeiten machst. Das ist ganz normal, da wir nie sicherstellen können, dass unsere emotionale Seite konsistent ist. Entsprechend solltest du die Ergebnisse betrachten. Doch nicht nur das. Auch die Tatsache, dass wir Menschen lernen und uns somit verändern, sorgt dafür, dass sich deine Testergebnisse im Lauf der Zeit verändern. Grundlegend lassen sich aber alle Tests grob einteilen. Nimm eine Skala, auf der auf der einen Seite deine DNA und auf der anderen Seite dein individuelles Verhalten stehen.

● ● ● ● ● ● ● ● ● ● ● ● ● ● ● ● ● ●
DNA   Individuelles
                                       Verhalten

Deine DNA ist festgeschrieben und dein individuelles Verhalten das genaue Gegenteil. Das kann in jeder Situation anders sein. Genau das ist die Fähigkeit, die z. B. ein Schauspieler benötigt, um sich in jedem Film neu zu erschaffen und eine ganz andere Persönlichkeit zu zeigen. Alle Persönlichkeitstests befinden sich zwischen diesen beiden Extremen. Die einen werten deine grundlegenden Lebensmotive aus, wie z. B. der Motivtest von Riess, die anderen die prozentuale Wahrscheinlichkeit, dass du auf eine von vier Arten reagierst, wie der DISC-Test. Deine Aufgabe ist es nicht, alle Tests, die es gibt, zu machen, um dich so selbst zu verstehen, sondern diese Tests als Hilfe zu nutzen, um Klarheit zu gewinnen. Der Test, den ich dir empfehlen kann, ist der «16 Personalities»-Test, der auf dem Myers-Briggs-Typenindikator basiert. Dieser Test ist sehr bekannt und wird häufig von Unternehmen dafür eingesetzt, Mitarbeiter besser zu führen. Du kannst den Test jederzeit kostenlos auf

16personalities.com machen und direkt im Anschluss daran dein Ergebnis sehen.

UMGANG MIT DEM ERGEBNIS

Lies dir dein Ergebnis in Ruhe durch und mach dir gern Notizen zu den Dingen, die dir aufgefallen sind. Bei jedem Persönlichkeitstest wirst du Dinge finden, in denen du dich komplett wiedersiehst, aber auch Dinge, von denen du glaubst, dass sie nicht auf dich zutreffen. Gerade diese Dinge solltest du dir merken. Oftmals haben wir bei vielen unserer Charakterzüge einen blinden Fleck und es lohnt sich, einen dir nahestehenden Menschen danach zu fragen.

DAS JOHARI-FENSTER UND DER BLINDE FLECK

Joseph Luft und Harry Ingham haben vor vielen Jahren ein Modell entwickelt, das ungefähr so aussieht wie dieses hier:

	mir bekannt	mir unbekannt
anderen bekannt	Öffentlicher Bereich	Unentdeckter Bereich
anderen unbekannt	Mein geheimer Bereich	Blinder Fleck

POTENZIAL
Persönlichkeit

Wie du in dem Modell sehen kannst, gibt es vier Kategorien, in denen wir Erkenntnisse über uns selbst einordnen können. Manches davon ist uns selbst bewusst, anderes nicht. Genauso ist manches anderen bewusst oder auch nicht. So entstehen vier Quadranten, wovon ein Quadrant der blinde Fleck ist. Alles, was im blinden Fleck ist, wissen wir über uns selbst nicht, jedoch nehmen andere diese Eigenschaft meistens wahr. Es kann eine kleine Angewohnheit sein wie eine bestimmte Handbewegung beim Reden oder ein Wort, das man ständig wiederholt, es kann aber auch tiefgreifender sein. Vielleicht reagierst du in stressigen Situationen immer wieder auf dieselbe Art und Weise und es fällt dir selbst nicht auf.

Dieses Modell hat mir im Lauf der Jahre sehr dabei geholfen, zu verstehen, welche Verhaltensweisen ich habe, die immer einem Muster entsprechen, ohne dass ich es selbst weiß. Ich habe z. B. festgestellt, dass ich sehr häufig dazu neige, vergangene Erfahrungen bei der kleinsten Gemeinsamkeit auf meine aktuelle Situation zu beziehen und so eine Wertung vorzunehmen, die nicht stimmt. Ich habe mir viel Energie und Sorgen gespart, als ich das erkannte und anfing, daran zu arbeiten. Es können auch kleine Dinge sein. Ich habe beispielsweise jahrelang an meinen Fingern geknibbelt, wenn ich konzentriert war. Irgendwann ist es jemandem aufgefallen. Mir war es so peinlich, dass ich diese Gewohnheit abgelegt habe.

Am besten hast du dieses Modell immer im Hinterkopf, denn auch du wirst Charakterzüge haben, die dir nicht bewusst sind.

Zurück zum Umgang mit deinem Persönlichkeitstest:

Du siehst, wir alle haben kleine Ausprägungen in unserem Charakter, die uns einzigartig machen. Das ist auch gut so. Die Kunst ist nicht, viele oder wenige zu haben, sondern damit richtig umgehen zu können. Wenn du also deinen Persönlichkeitstest gemacht hast und zum ersten Mal das Ergebnis begutachtest, sind folgende Dinge essenziell:

- Kein Test kann dich und deine Persönlichkeit zu 100 Prozent darstellen.

- Wir können Neues lernen und uns verändern. Wenn wir wollen, können wir uns sogar so verändern, wie wir Lust haben.

- Tests sind eine Orientierung. Wenn diese Orientierung dir dabei hilft, dich selbst besser zu verstehen und mehr auf dich zu achten, dann ist das klasse. Es kann jedoch auch nach hinten losgehen, wie ich dir im Folgenden zeigen werde.

Fehler beim Umgang mit dem Ergebnis

Oftmals neigen wir dazu, in eine sogenannte selbsterfüllende Prophezeiungsschleife zu geraten. Das bedeutet, dass wir anfangen, uns so zu verhalten, wie es der Persönlichkeitstest vorgibt. Dadurch verhalten wir uns anders und begründen es damit, dass wir ja so sind, wie es der Persönlichkeitstest bestätigt hat. Diese Schleife kann endlos weitergehen. Wenn wir uns vorstellen, dass es um eine negative Verhaltensweise geht, dann kann es auch gefährlich werden. Sagt der Test z. B. aus, dass wir wenig Rücksicht auf andere nehmen, um schneller ans Ziel zu kommen, kann es passieren, dass wir das nächste Mal bei einem Projekt auf der Arbeit wenig Rücksicht auf andere nehmen. Denn der Test hat gesagt, dass wir so sind. Den Kollegen, die verwundert fragen, warum wir uns so verhalten haben, erklären wir, dass der Persönlichkeitstest gesagt hat, dass wir so sind. So drehen wir uns immer wieder im Kreis und begründen immer radikaleres Verhalten mit einem einfachen Persönlichkeitstest. Diese selbsterfüllende Prophezeiungsschleife stimmt mit zwei der drei Aussagen von oben nicht überein. Wir Menschen können frei Entscheidun-

gen treffen, neue Dinge dazulernen und uns auch verändern. Wir sind kein Theaterstück, das von Anfang bis Ende festgeschrieben ist.

Insgesamt rate ich dir, alle diese Persönlichkeitstests bei der Entfaltung deines Potenzials heranzuziehen, dich aber nicht von ihnen lenken zu lassen. Das Ziel ist, dass du die beste Version deiner selbst wirst und dich nicht in Schubladen stecken lässt, die ein Test dir vorschreibt.

POTENZIAL
Persönlichkeit

11. Kommunikation

Haben wir uns mit uns selbst auseinandergesetzt, wird es Zeit, dass wir auch den richtigen Umgang mit anderen lernen. Wie kommunizierst du richtig? Eine so einfache Frage hat viele Antworten. Denn richtiges Kommunizieren ist nichts, was du entweder richtig oder falsch machen kannst, was entweder schwarz oder weiß ist. Wir kommunizieren jeden Tag und meistens stundenlang. Ob direkt im Dialog, über unsere Körpersprache oder indirekt übers Internet. Kommunikation ist somit auch ein essenzieller Teil, wenn du dich mit Persönlichkeitsentwicklung beschäftigst. Etliche Bücher wurden genau zu diesem Thema verfasst, denn wer gut kommunizieren kann, hat es einfacher im Leben. Kommunikation steht zwischen unseren Gedanken und dem Ergebnis, das wir produzieren. In einer Welt, in der die modernen Probleme immer schwerer allein zu lösen sind, ist es immer wichtiger, mit anderen zusammenzuarbeiten. Genau dafür brauchen wir Kommunikation.

In der Geschichte haben diejenigen Menschen die Welt bewegt, die gut kommunizieren konnten. Denn die eigenen Gedanken so zu verpacken, dass andere diese nicht nur verstehen, sondern diesen auch folgen wollen, ist eine Kunst. Das Gute ist: Diese Kunst kannst du erlernen und stetig verbessern. In diesem Kapitel zeige ich dir die zwei Teile jeder Kommunikation und die besten Techniken, um deine Kommunikation schnell und einfach zu verbessern, ohne die klassischen Fehler zu machen.

Eine Kommunikation ist immer dann gelungen, wenn wir unserem Kommunikationspartner die Informationen auf eine Art und Weise übermitteln, die positiv zur Beziehung beiträgt: in der Form, dass unser Gesprächspartner uns nach dieser

Kommunikation sympathischer findet. Informationen lassen sich auch neutral übermitteln, aber auch negativ. Alle drei Möglichkeiten übermitteln die Information, jedoch fördern sie zukünftige Kommunikation oder verhindern diese sogar.

DIE ZWEI TEILE

Stell dir vor, du willst deinem Partner mitteilen, dass es dich stört, dass du dich fast ausschließlich allein um die Organisation von gemeinsamen Terminen kümmerst – ob zum Vergnügen oder nicht – und dein Partner nicht die Initiative ergreift. Jetzt müssen wir beide Teile dieser Nachricht richtig kommunizieren: erstens den rational-informativen Teil und zweitens den emotionalen Teil. Der erste Teil, also der Inhalt, sollte so formuliert sein, dass dein Partner genau versteht, was du meinst. Du kannst dir sicher vorstellen, wie du das nicht machen solltest. So gut wie jede Sitcom nutzt diese Möglichkeit für eine Darstellung des Alltags: Die Frau ist sauer auf den Mann, weil er mehr arbeitet und am Wochenende auch keine Zeit hat. Anstatt ihm zu sagen, was sie sauer macht, reagiert sie nur genervt und lässt ihre Wut passiv-aggressiv in Form von schnippischen Kommentaren an ihm aus. Sie sagt beispielsweise: «Ganz viel Spaß», in einem genervten Ton, statt zu sagen, dass sie sich freuen würde, wenn er sich mehr Zeit für sie nähme und nicht ständig unterwegs wäre. Genau das ist ein Beispiel dafür, wie man den ersten Teil der Kommunikation nicht angehen sollte. Sie hat ihm nicht klar und sachlich mitgeteilt, was sie stört. Betrachtet man nun den zweiten Teil, dann hat sie auch hier die negative Art und Weise gewählt. Die Frau hat sich für einen passiv-aggressiven Kommentar entschieden, statt ein förderliches Gespräch zu suchen.

Wie kann man beide Teile nun verbessern? Den ersten Teil anzugehen, ist einfach: Neutral und ohne starke Emotion sage ich, was ich mir wünsche und was mir durch den Kopf

POTENZIAL
Persönlichkeit

geht. Dadurch vermittle ich so einfach wie möglich, wie es mir geht, was mich stört und was ich mir in Zukunft vorstelle.

Betrachten wir nun den zweiten Teil: Hier geht es darum, die Nachricht so zu übermitteln, dass es einen positiven Einfluss auf die Beziehung hat. Dabei ist nicht nur wichtig, wie gut du kommunizierst, sondern auch, wie gut deine Kommunikation auf die Wahrnehmung und Perspektive deines Partners zugeschnitten ist. Deinen Partner zu kennen, das ist von großer Bedeutung. Ist dein Partner sensibel und muss sich erst einmal öffnen, dann sind eine weiche Einleitung und der richtige Augenblick essenziell für deinen Vorschlag. Ist dein Partner hingegen sehr selbstreflektiert und so selbstbewusst, deinen Vorschlag nicht persönlich zu nehmen, dann kannst du umso flexibler formulieren. Du wählst also eine Formulierung, die deine Gedanken klar mitteilt, und schmückst sie so, dass sie die Beziehung fördert. Ein passendes Beispiel zu der genannten Situation wäre, wenn die Frau ihrem Partner sagt: «Ich habe aktuell das Gefühl, dass uns etwas Zeit nur zu zweit guttun würde und dass wir das aufgrund deiner steigenden Arbeitsbelastung etwas vernachlässigt haben. Lass uns nächste Woche Zeit zu zweit verbringen und etwas Tolles vornehmen. Natürlich wünsche ich dir trotzdem heute ganz viel Spaß.» Ihre Bedürfnisse hat sie klar mitgeteilt, und das auf eine Weise, dass die Kommunikation sogar gefördert wurde. Überlege dir also immer, ob das, was du gerade sagst, die Beziehung fördert oder eben nicht.

Immer dann, wenn eine Kommunikation nicht gelingt, solltest du dich fragen, an welchem dieser beiden Teile es gelegen hat. Meistens hast du auf einen der beiden Teile oder sogar auf beide Teile nicht geachtet.

AUFRICHTIGES ZUHÖREN

Wer richtig kommunizieren will, muss auch richtig zuhören. Zuhören ist eine der wichtigsten Fähigkeiten, die ein Mensch besitzen kann. Sie bestimmt, wer uns mag und wer nicht, wer uns folgt und wer nicht. Vor allem bestimmt sie, wie einfach wir es im Leben haben werden oder eben auch nicht. Es wird uns leider nie beigebracht, wie wir richtig zuhören, obwohl es so essenziell ist. Wir gehen einfach davon aus, es sei ein Talent. So hört man häufig: «Er ist ein guter Zuhörer.» Wenn wir uns aber fragen, warum eine Person besser zuhören kann als eine andere, dann können wir das nur schwer bestimmen. Du kennst die Situation: Du hattest einen aufregenden Tag und möchtest deinen Liebsten davon erzählen. Noch bevor du deinen ersten Satz zu Ende gesprochen hast, folgt ein: «Ja, bei mir war es damals genauso, als ich …» – und schon wurdest du unterbrochen. Du willst nicht unhöflich sein, aber dein Bedürfnis nach einem offenen Ohr wurde nicht befriedigt. Wir alle lieben es, wenn uns zugehört wird. Doch genau diese Fähigkeit wird immer seltener in einer Zeit, in der unsere Aufmerksamkeitsspannen immer kleiner werden durch den immer größer werdenden Einfluss des Internets und von Social Media.

Schon Dale Carnegie hat in seinem Buch «Wie man Freunde gewinnt» geschrieben: «Wer den Honig will, muss der Biene Sumsum leiden.»[6] Wenn wir gemocht werden wollen, dann gehört aufrichtiges Zuhören dazu.

Du fragst dich sicher, wie du aufrichtig zuhören kannst. Über die Jahre habe ich viel darüber gelesen. Wenn ich alles zusammenfasse, dann kann man alles Wissen zum Thema Zuhören sehr einfach lernen. Das, was ich dir jetzt erkläre, besteht aus drei Dingen, die du nicht machen, und zwei Dingen, die du machen sollst. Mit diesen fünf Regeln wirst du schon heute für einen besseren Zuhörer gehalten, mit dem sich jeder gern

unterhalten würde, ohne dass du etliche Bücher lesen oder Seminare besuchen musst.

IN FÜNF SCHRITTEN ZUM BESSEREN ZUHÖRER WERDEN

Fangen wir mit den Dingen an, die du nicht machen sollst, denn schon mit diesen drei Dingen wirst du als viel kommunikativer wahrgenommen:

1. Bewerte nicht, wenn du zuhörst.

Wir neigen dazu, eine Bewertung des Gehörten vorzunehmen, noch bevor der Satz zu Ende gesprochen wurde, um zu schauen, ob dies mit unseren Werten übereinstimmt. Doch genau das verhindert eine gute Kommunikation – aus zwei Gründen: Wir hören schlechter zu, wenn wir damit beschäftigt sind, zu bewerten, und wir ordnen die Informationen in eine Schublade ein, womit wir uns selbst manipulieren. Durch die Schublade, die wir gewählt haben, sehen wir nun alles voreingenommen. Dies sorgt dafür, dass wir alle Informationen, die danach folgen, mit einer speziellen Brille wahrnehmen, die nicht von Vorteil sein kann.

2. Überlege dir keine Antwort, wenn du zuhörst.

Diesen Punkt kennst du sicher. So gut wie jeder von uns hat sich schon einmal die Antwort zurechtgelegt, noch während der Gesprächspartner gesprochen hat. Genauso wie beim ersten Punkt verhält es sich auch hier, dass du ab dem Moment, in dem du dir eine Antwort überlegst, nicht mehr voll und ganz zuhörst und dadurch vielleicht wichtige Details verpasst. Selbst wenn du alles inhaltlich verstanden hast, nimmt es dir die Möglichkeit, auf die Körpersprache und emotionalen Signale deines Gegenübers zu achten.

3. Beziehe es nicht auf dich, wenn du zuhörst.
Ich habe ein interessantes Phänomen festgestellt: Die Menschen beziehen Gesagtes fast automatisch immer auf sich. Es könnte eine absolut neutrale Aussage mit absolut sachlichem Inhalt sein, und dennoch wird sie auf der Beziehungsebene wahrgenommen und entsprechend auf sie reagiert. Ich könnte z. B. beim Fahren sagen, dass der Fahrer vor uns echt komisch bremst, und die Reaktion wäre wie aus der Pistole geschossen: «Ja, ich versuche schon, den zu überholen.» Die eigentlich neutrale Aussage wurde hier in eine Kritik des Fahrstils auf Beziehungsebene verwandelt und entsprechend darauf reagiert. Wie auch in den zwei Punkten zuvor hilft dies zum einen nicht beim Zuhören, zum anderen gibt es der anderen Partei auch ein schlechtes Gefühl, weil die neutrale Aussage als Kritik aufgefasst wurde. Achte also darauf, dass du Aussagen erst einmal nur als das wahrnimmst, was sie sind: aneinandergereihte Wörter, die einen Sinn ergeben. Ob dieser Sinn eine Form von Aussage auf Beziehungsebene darstellt, solltest du dann erst im zweiten Schritt prüfen.

Vermeide diese drei Fehler, und jeder Mensch, mit dem du in irgendeiner Form interagierst, wird dir dankbar sein.

Kommen wir nun zu den Dingen, die du tun kannst, um noch besser kommunizieren zu können und als ein absoluter Experte für zwischenmenschliche Interaktion wahrgenommen zu werden.

1. Wiederhole das Gesagte in eigenen Worten.
Auch wenn dein Gesprächspartner dieselbe Sprache spricht, ist jeder Mensch anders, wenn es darum geht, Informationen und vor allem das Gesagte zu verarbeiten.

Wir verknüpfen Dinge anders, es weckt andere Erinnerungen und die Art, wie wir mit unseren Sinnen Dinge verarbeiten, ist meistens einzigartig. Manche Menschen denken eher in Bildern, während andere sich Dinge eher merken, indem sie sie mit anderen Sachen verknüpfen und durch Vergleiche in einen Kontext setzen. Das kann dafür sorgen, dass in einem Gespräch die andere Person das Gesagte schneller, langsamer oder anders verarbeitet. Um dadurch Missverständnisse auszuschließen, hilft es, das Gesagte einfach in eigenen Worten zu wiederholen. Dein Gegenüber kann so prüfen, ob du die Aussage wirklich verstanden hast, und dann mit der Erzählung fortfahren. Dies kann z. B. so aussehen:

A: «Ich bin damals auf die Schule am Stadtrand gegangen. Du musst dir vorstellen, ich wollte unbedingt dahin, weil ein Kindheitsfreund von mir dahin ging, auch wenn die Schule weiter weg war. Also fuhr ich morgens immer etwas länger mit dem Fahrrad und eines Tages kam ich genau aus diesem Grund zu spät. Mein Fahrrad war kaputt und die Alternative wäre laufen gewesen, was bei der Entfernung natürlich etwas gedauert hätte.»

B: «Du hast dir also die Schule ausgesucht, die weiter weg war, weil du dann mit deinem Kindheitsfreund auf einer Schule bleiben konntest, statt allein auf die neue Schule zu gehen.»

A: «Ja, genau, wir haben damals so gut wie alles zusammen gemacht.»

Eine einfache Wiederholung hilft dir in so einem Fall, dass du schnell die Essenz einer Aussage verstehst und dir diese Information viel einfacher merkst. Dabei isolierst du die Kernaussage von der Information, die nur dafür da war, die Geschichte zu schmücken.

2. Frage detaillierter nach.
Wenn du die andere Person hast aussprechen lassen, prüfst du, ob du alles richtig verstanden hast. Du kannst dir nicht vorstellen, wie viele Missverständnisse passieren, weil wir glauben, das Gesagte verstanden zu haben. Indem wir noch einmal grob alles wiederholen und an den Stellen, an denen wir uns irren könnten, nachfragen, stellen wir sicher, alles korrekt verstanden zu haben. Gleichzeitig freut sich die andere Person über unser wahres Interesse, denn jemand, der fragt, möchte auch die Antwort wissen. Die Worte deines Gesprächspartners zu verwenden und den Satz als Frage zu stellen, ist dabei die einfachste Form. Dies kann z. B. so aussehen:

A: «Wir sind dann zum Haus von Tina gegangen.»

B: «Zum Haus von Tina?»

A: «Ja, genau. Tina, meine Schulfreundin, ist im letzten Jahr ausgezogen und ganz zufällig direkt zwei Häuser weiter eingezogen.»

Du siehst, dass so eine einfache Frage dir genau die Informationen gibt, die dir gefehlt haben, um das gesamte Bild zusammenzusetzen.

Es kann so einfach sein, besser zu kommunizieren. Diese fünf Tipps kannst du schnell lernen und im Alltag umsetzen. Wichtig ist, dass du sie regelmäßig wiederholst und dich in deinem Journal selbst bewertest. Stellst du fest, dass du in alte Muster zurückfällst, dann solltest du vermehrt darauf achten, dich wieder an alle fünf Techniken zu halten.

12. Skills

Für mich ist dieses Kapitel besonders wichtig. Bestimmt hast du schon einmal den Spruch gehört:

> «Versuche, etwas über alles zu lernen und alles über etwas.»
>
> - Thomas Henry Huxley

Ich finde, da ist ziemlich viel Wahres dran. In der heutigen Zeit reicht es nicht aus, eine Sache zu beherrschen und alle anderen Dinge vollständig zu ignorieren. Für gewisse Menschen in gewissen Situationen mag das vielleicht zutreffen, aber für 99 Prozent der Menschheit nicht. Wir können noch so gut in unserem Handwerk sein, dennoch haben wir die Hindernisse und Herausforderungen des Alltags zu bewerkstelligen. Auch der beste Arzt der Welt muss sich um den Haushalt kümmern, seine Steuern erledigen, seine Finanzen im Griff haben, mit Menschen auskommen, sich weiterbilden und seiner Pflicht als Partner, Elternteil, Nachbar etc. gerecht werden. All diese kleinen Dinge kosten enorm viel Kraft, wenn du nicht die nötigen Fähigkeiten hast, sie schnell und produktiv zu erledigen. In diesem Kapitel werde ich dich für die Skills sensibilisieren, die mit wenig Aufwand riesige Verbesserungen in deinem Leben hervorrufen. Ich werde dir nicht erklären, wie du deinen Haushalt meistern kannst. Da sparst du, wenn wir mal ehrlich sind, im besten Fall ein paar Stunden in der Woche, wenn du diese Arbeit effizient erledigst. Mir geht es um die Dinge, die ganze Jahrzehnte beeinflussen können, wenn du ihnen nicht früh genug Aufmerksamkeit schenkst. Ein Beispiel hierfür hast du bereits bekommen: die Kommunikation. Gut

zu kommunizieren, mag auf den ersten Blick einfach klingen, doch es beeinflusst so gut wie alles, was wir tun. Durch gutes Zuhören und gute Kommunikation hast du mehr Freunde, tollere Beziehungen, bist produktiver, hast einen besseren Job, wirst mehr respektiert, lebst länger und gesünder und bist alles in allem einfach ein glücklicherer Mensch. So kannst du mit wenig Aufwand in wenigen Wochen, in denen du dich auf diesen Skill konzentrierst, langfristig dein gesamtes Leben verändern. Was sind also die essenziellen Skills, die jeder haben sollte?

KÖRPERSPRACHE LESEN KÖNNEN

Jeder von uns musste schon einmal etwas präsentieren. Es fängt in der Schule an: Du bereitest dich eine Woche vor und stehst dann vor der Klasse, um dein Referat zu einem Thema zu halten. Ich erinnere mich gern an meinen Vortrag zum Thema Erderwärmung im Fach Erdkunde zurück. Das hat sich bei mir eingebrannt, weil ich unbedingt eine «1» in dieser Präsentation gebraucht hatte, um noch die bessere Note zu bekommen. Die Aufregung, die ich vor diesem Referat spürte, motivierte mich in den Jahren danach in der Schule, in der Universität und in der Berufswelt, vor Leuten zu sprechen. Ich mochte das Gefühl, vor Tausenden Menschen zu stehen und ihnen meine Erkenntnisse mitzuteilen, und es war genau diese Motivation, die mich dazu bewegt hat, herauszufinden, was eine gute Präsentation ausmacht. Die Antwort ist für den einen oder anderen vielleicht eine Überraschung, doch bestimmt haben viele geahnt, dass eine gute Präsentation weniger vom Inhalt abhängt als von der Art und Weise, wie präsentiert wird. Tatsächlich hat die Art und Weise sogar den meisten Einfluss. Damit ist nicht gemeint, wie viele tolle Animationen deine PowerPoint-Präsentation hat, sondern wie du vor deinen Zuschauern auftrittst.

In einer Studie hat man zwei Gruppen gegeneinander antreten lassen, deren Ziel es war, in einem Bewerbungsgespräch den Job zu bekommen. Die eine Gruppe sollte sich ausschließlich inhaltlich vorbereiten, also sich mit dem Unternehmen auseinandersetzen, viel Wissen sammeln und durch Worte glänzen. Die zweite Gruppe sollte sich ausschließlich mit der Körpersprache und dem Auftreten an sich beschäftigen. Diese Gruppe besaß zwar Wissen über das Unternehmen, hatte aber auf so gut wie jede Frage deutlich weniger Fachkenntnis parat. Stattdessen hatte diese Gruppe eine nahezu perfekte Ausstrahlung, Körpersprache und Tonalität während des gesamten Gesprächs. Das Unternehmen, das die Gespräche führte, wusste davon nichts. Am Ende war das Ergebnis klar: Die Gruppe, die sich mit der Art und Weise beschäftigte, wurde deutlich häufiger eingestellt als die Gruppe, die sich fachlich vorbereitete.

Meine Frage an dich: Wann hast du dich das letzte Mal mit deiner Körpersprache auseinandergesetzt, als du dich auf einen solchen Termin vorbereitet hast? Die Antwort, die ich hatte, als ich von dieser Studie erfuhr, war: «noch nie». So geht es den meisten. Wir denken nicht darüber nach, wie wir am besten stehen, gehen, sprechen oder unsere Arme bewegen. Wir überlegen nicht, wie wir unsere Finger einsetzen oder wann wir wie lächeln, doch genau das entscheidet am Ende, ob wir erfolgreich sind oder eben nicht. Niemanden interessiert es, ob du noch alle Details aus deiner Vorlesung auswendig aufsagen kannst, wenn man es doch in zwei Sekunden googeln kann. Viel wichtiger ist, wie du mit der Situation umgehst, etwas nicht direkt zu wissen, und wie du in so einer Situation auftrittst. Fällst du emotional in dich zusammen, wirst hektisch und lässt dich von einer Flut an unkontrollierten Emotionen leiten? Oder behältst du die Ruhe, navigierst dich und dein Team geschickt durch die Situation, nur um wenige

Augenblicke später mit der richtigen Antwort souverän um die Ecke zu kommen? Dieser feine Unterschied entscheidet, ob du ewig den Job ausübst, den du heute ausübst, oder die Karriereleiter im Nu eroberst, während auch dein Privatleben Jahr für Jahr schöner wird.

Was bedeutet also Körpersprache genau und was kannst du tun, um darin besser zu werden? Mit Körpersprache meine ich alles, was nicht der neutrale fachliche Inhalt ist, den du vermittelst. Sagst du z. B.: «Draußen sind es 18 Grad», dann ist Körpersprache alles außer diese fünf Wörter: deine Körperhaltung beim Sprechen, deine Tonlage, deine Mimik und Gestik und das Gefühl, das du hast und vermittelst, während du sprichst.

Ziel ist es, dass ich dir in all diesen Bereichen das nötige Wissen gebe, um sichtbar besser zu werden. Fangen wir am besten unten an.

Bei deinen **Füßen** ist es wichtig, zu verstehen, dass sie so gut wie immer in Richtung der Begierde zeigen, und das auf die eine oder andere Art und Weise. Das heißt, du kannst ganz einfach erkennen, was die Intention deines Gegenübers ist: Zeigen die Füße Richtung Ausgang oder sind angewinkelt (ähnlich wie bei einem Sprinter, der in der Hocke auf den Start wartet), dann kannst du dir sicher sein, dass die Person gerade wegwill. Zeigen die Füße hingegen auf eine bestimmte Person in einer Gruppe, dann kannst du dir auch sicher sein, dass dort der Fokus liegt. Eine entspannte bzw. eine unentspannte Fußhaltung zeigt sich durch Wackeln oder Kippeln und verrät dir etwas über das Stressniveau der jeweiligen Person. So kannst du, wenn du nur etwas auf die Füße deines Gegenübers achtest, wichtige Informationen bekommen. Wichtig ist, mehr auf die Veränderungen als auf die Ausgangslage der Füße zu achten. Du siehst z. B., wie im Gespräch dein Gegenüber das

Gewicht zum hinteren Bein verlagert. Dann kannst du dir sicher sein, dass die Person entweder nicht deiner Meinung ist oder so langsam das Gespräch beenden will. Du kannst ziemlich viele Informationen aus den Füßen beziehen, doch es ist wichtig, ein Signal von den jeweiligen Gewohnheiten einer Person zu unterscheiden. Manches ist kein Signal, sondern nur eine Gewohnheit. Manche wackeln mit den Füßen, und das schon immer, weshalb dies kein Signal sein muss. Oft gibt es auch Zufälle, die du nicht überinterpretieren solltest.

Schauen wir uns etwas weiter oben die generelle **Körperhaltung** an. Dieser kannst du das Stressniveau und den Grad des Wohlbefindens entnehmen. Je entspannter eine Person ist, desto eher zeigt sich dies auch in der Körperhaltung. Jemand, der sein Gewicht auf nur ein Bein legt und an eine Wand angelehnt ist, ist eher entspannt als jemand, der schulterbreit mit maximaler Stabilität und genügend Freiraum um sich herum im Raum steht. Du wirst beispielsweise selten jemanden finden, der vor einem Prüfungsergebnis sehr aufgeregt ist, aber entspannt an einer Wand lehnt. Meistens laufen diese Personen auf und ab und machen eher viele und schnelle Bewegungen.

Generell kannst du von einer offenen Haltung des **Oberkörpers** auf eine positive Stimmung schließen, während eine gekrümmte Haltung, meist im Zusammenspiel mit geschlossenen Armen, auf eine negative Stimmung schließen lässt.

Da sind wir auch schon bei den **Armen und Händen**, die ihre eigene Sprache sprechen. Genau deswegen solltest du auch besonders auf sie achten. Etliche Lügen wurden entlarvt, indem beobachtet wurde, dass die Arme und Hände etwas anderes zeigten, als mit Worten gesagt wurde. Du sprichst beispielsweise über drei Personen, die du gesehen hast, aber deine

Hände zeigen vier Finger. Man redet darüber, wie froh man ist, eine Person zu sehen, verschränkt jedoch die Arme und bildet so eine Barriere. Ich könnte noch etliche Beispiele nennen, doch es geht nicht darum, sie alle zu kennen, sondern darauf zu achten, dass unsere Bewegungen mit den Armen und Händen meistens zu dem passen, was wir sagen. Alles, was hingegen nicht ins Bild passt, ist meistens ein Zeichen für Unwohlsein oder etwas, was wir verstecken wollen. Gern schließen wir dazu unsere Hände, verschränken unsere Arme, wedeln wild mit ihnen herum oder bewegen sie gar nicht, als wären sie versteinert, wenn wir uns in einer Situation unwohl fühlen und dadurch unkontrolliert agieren. Auch hier ist es wichtig, dass du auf Ungewöhnliches achtgibst.

Kommen wir zum letzten Teil: deinem **Gesicht**. In deiner Mimik sind alle möglichen Reaktionen versteckt. Hier ist es wichtig, dass du die grundlegenden Reaktionen und Emotionen kennst und auch unterscheiden kannst.

Diese sind:

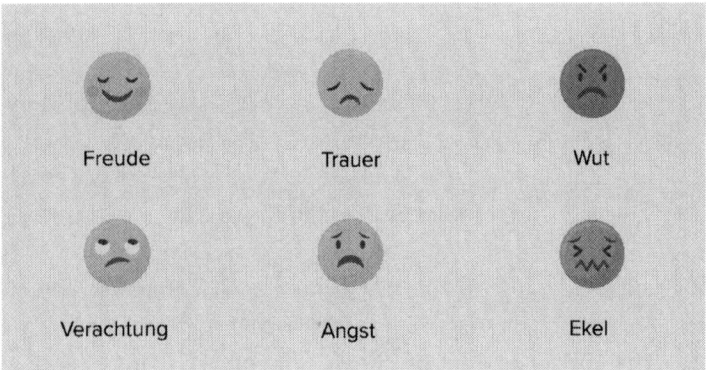

POTENZIAL
Persönlichkeit

Auch wenn jeder in seiner Mimik Individualität zeigt, zeichnen sich diese Gefühle durch dieselben Eigenschaften aus. Du wirst mit etwas Übung merken, dass du ohne Probleme zwischen diesen Gefühlen unterscheiden kannst. Die Kunst liegt dann darin, auch sogenannte Mikroexpressionen, erkennen zu können.

Mikroexpressionen, auch Mikromimik genannt, sind flüchtige Gesichtsausdrücke, die Sekundenbruchteile dauern.

Des Weiteren findest du auf Wikipedia: «Mikroexpressionen können willentlich nur schwer unterdrückt werden. Sie können als Hinweise dienen, Lügner zu entlarven. Dazu kann ein Beobachter geschult werden, sie zu erkennen.»[7]

Dies sind also Expressionen, die wir oftmals sehr schnell und unmittelbar als Reaktion zeigen, ohne diese bewusst kontrollieren zu können. Du hast bestimmt schon Videos gesehen, in denen jemandem ein Streich gespielt wird. Wenn sich die Person erschreckt, zeigt die Mimik meistens sehr schnell Angst, auch wenn keine echte Gefahr vorliegt. Der Körper funktioniert nun einmal so, dass wir erst die Emotion zeigen und danach kontrollieren, ob diese Reaktion überhaupt gerechtfertigt ist. Im Alltag kommt es jedoch häufig vor, dass wir mit unserer Mimik eine Emotion zeigen und diese dann schnell wieder verbergen, da sie z. B. in der Situation unangebracht wäre. Du würdest beispielsweise deinem strengen Chef nicht jedes Mal, wenn du ihn siehst, mit Wut und Verachtung in der Mimik begegnen. Ist dein Chef jedoch unhöflich zu dir, dann zeigst du eben diese Mikroexpressionen, verbirgst sie aber schnell wieder.

Aus so scheinbar kleinen Bewegungen in der Mimik kannst du so viele Informationen beziehen, die du für bessere Entscheidungen nutzen kannst. Gerade in Verhandlungen ist es von Vorteil, zu wissen, was die andere Partei wirklich will. Dies ist eine Kunst, die viel Übung braucht. Mikroexpressionen sind deutlich kürzer als eine Sekunde und jeder Mensch hat eigene Versionen

jeder Emotion, auch wenn es ähnliche Muster gibt. Zum Üben kannst du z. B. darauf achten, wie Menschen reagieren, die etwas essen, was ihnen nicht schmeckt. Meistens ziehen sie die Nase hoch und zeigen Ekel, auch wenn diese Mimik sehr klein sein kann. Auf diese Weise kannst du auch im Alltag schnell Beispiele für alle Grundemotionen finden.

Die beste Methode, darin besser zu werden, ist es, zunächst ein Video von dir selbst aufzunehmen. Verwende dazu z. B. dein Smartphone und filme dich selbst, wie du die oben genannten Emotionen zeigst. Wichtig ist, dass du nicht einfach versuchst, diese zu spielen. Befolge folgende Schritte bei jeder Emotion.

1. Schließe deine Augen.

2. Erinnere dich an einen Moment, an dem du genau diese Emotion gefühlt hast, und versuche, dich so detailliert du kannst wieder in die Situation hineinzuversetzen. Fang in Gedanken am besten wenige Augenblicke vor diesem Ereignis an.

3. Öffne deine Augen, wenn du an den jeweiligen Schlüsselmoment deiner Erinnerung zurückdenkst.

Auf dem Video kannst du anschließend deine individuelle Mimik für die jeweilige Emotion wiedererkennen. Vergleichst du diese mit Bildern von anderen Menschen, die genau diese Emotion zeigen, wirst du feststellen, dass es sehr viele Gemeinsamkeiten gibt. Genau auf diese solltest du achten.

Hast du diese Fähigkeit eine Zeitlang geübt, wirst du feststellen, dass es sich wie eine Zauberkraft anfühlt, Emotionen lesen zu können.

Zusammenfassend geht es darum, dass du deine Sinne für menschliche Reaktionen schärfst. Wir alle wollen immer die Wahrheit wissen, doch Menschen sagen sie uns nicht immer. Wenn du deine Sinne für menschliche Körpersprache schärfst, kann dir das in so gut wie jeder Lebenssituation helfen: ob bei deiner Bewerbung, beim Umgang mit Kollegen oder in deiner Beziehung zu deinem Lebenspartner oder deinen Kindern. Gerade wenn es darum geht, mit einer anderen Partei zu verhandeln, ist Körpersprache sehr nützlich.

VERHANDLUNGEN RICHTIG FÜHREN

In unserem Leben passiert es leider zu selten, dass wir verhandeln müssen. Wenn du auf dein Leben blickst, dann wirst du feststellen, dass du die Male, an denen du verhandeln musstest, an beiden Händen abzählen kannst: meistens bei Bewerbungsgesprächen oder bei dem ein oder anderen Kauf oder Verkauf.

Wenn ich über Verhandlungen spreche, dann meine ich nicht die klassische Form, bei der wir meistens um einen Preis verhandeln und es außer diesem keine andere Variabel gibt, um die wir uns sorgen müssen. Ich meine die Verhandlungen, die mehrere Ebenen und Interessen beinhalten und oftmals auch einen größeren Einfluss auf dein Leben nehmen. Dieser Form begegnest du am ehesten, wenn du um die Leistungen deines neuen Jobs mit deinem Arbeitgeber verhandelst, jedoch passiert dies in den meisten Fällen nicht so häufig. Auf der anderen Seite gibt es Menschen, die durch ihren Beruf fast täglich verhandeln müssen. Ob sie für Ventillösungen zuständig oder einfach im Vertrieb tätig sind, viele müssen täglich verhandeln und haben meistens einen riesigen Erfahrungsschatz, auf den sie zurückgreifen können. So finden wir heute eine Gesellschaft, in der es eine sehr große Schere gibt mit einer Gruppe, die fast keine Erfahrung im

POTENZIAL
Persönlichkeit

Verhandeln hat, und einer Gruppe, die fast täglich verhandeln muss. Im Leben lohnt es sich enorm, zu der Gruppe zu gehören, die diese Fähigkeit beherrscht. Damit du schnell und einfach lernen kannst, wie du richtig verhandelst, gebe ich dir das nötige Wissen.

Bevor wir in eine Verhandlung gehen, ist es wichtig, sich von seiner Perspektive zu lösen. Hierbei ist es egal, wie groß oder klein die Sache ist, über die verhandelt wird. Es kann deine gesamte Karriere davon abhängen oder die Diskussion über das nächste Urlaubsziel sein. In beiden Punkten ist es von enormer Bedeutung, sich von seiner Perspektive zu lösen. Wenn du in einem neutralen Zustand bist, solltest du zunächst versuchen, die folgenden Dinge herauszufinden:

BATNA steht für «Best Alternative to a Negotiated Agreement» und bedeutet «beste Alternative zu den verhandelten Bedingungen».

Stell dir vor, du suchst aktuell einen neuen Job und verhandelst mit einem potenziellen neuen Arbeitgeber, wie hoch dein Gehalt ist und wie viele Urlaubstage du pro Jahr hast. Ganz egal, wie die Verhandlungen laufen, weißt du, dass dich deine alte Firma für ein Jahresgehalt von 80.000 Euro und 30 Urlaubstagen pro Jahr zurücknehmen würde. Das bedeutet, dass das deine BATNA ist. Du kannst bei der neuen Firma in diesem Fall z. B. 90.000 Euro und 33 Urlaubstage verlangen, da du ja im schlimmsten Fall auf deine BATNA zurückgreifst und 80.000 Euro und 30 Urlaubstage erhältst. Diese BATNA bietet dir also nicht nur eine starke Grundlage für deine Verhandlung, sondern gibt dir auch die nötige Sicherheit bei deinem Auftreten vor dem potenziellen neuen Arbeitgeber. Es sollte also in deinem Interesse sein, so schnell es geht deine BATNA zu kennen, um so in einer besseren Position zu sein.

Als Zweites solltest du versuchen herauszufinden, was der Flaschenhals der anderen Partei ist.

Flaschenhals steht für die Priorität oder die Prioritäten jeder Partei. Wann immer jemand verhandelt, gibt es etwas, das von besonderer Bedeutung ist. Es ist sozusagen die Stelle, an der es aktuell brennt. Verhandelst du beispielsweise mit deinem Chef um dein Gehalt, dann kann es sein, dass Geld den Flaschenhals der Verhandlung bildet, da es der Firma gerade nicht so gut geht. Es kann aber genauso sein, dass dein Chef kein Problem damit hat, dir deutlich mehr zu bezahlen, da die Firma viel Geld einnimmt. Doch das wirkliche Problem ist, qualifizierte Arbeitskräfte zu finden, da zwei der besten Kräfte letzten Monat abgeworben wurden. In so einem Fall bilden die Qualifikation und deine Kompetenz bzw. die Kompetenz, die dein Chef wahrnimmt, den Flaschenhals. Solange du also die Fähigkeiten an den Tag legen kannst, die benötigt werden, ist eine bessere Bezahlung gar kein Problem. Bei den meisten Verhandlungen bildet Geld den Flaschenhals. So versuchen beide Parteien, jeweils weniger zu bezahlen bzw. mehr zu bekommen.

Zu guter Letzt gibt es in fast jeder Verhandlung eine verborgene Information, mit der sich alles verändern kann.

Joker steht für die kleine Information, die alles verändern kann. Stell dir vor, du kaufst einen Gebrauchtwagen. Gerade verhandelt ihr um den Kaufpreis, als du merkst, dass das Fahrzeug keinen TÜV hat und durch die bereits festgestellten Mängel wahrscheinlich auch so einfach keinen bekommen wird. Diese kleine Information verändert die gesamte Verhandlung, da der Verkäufer, der diese Information hatte, jetzt versuchen muss, das Fahrzeug für dich attraktiv zu machen. Er wird dir das Auto wahrscheinlich zu einem deutlich günstigeren Preis anbieten. Diese kleine Information, die bis fast zum Schluss im Verborgenen lag, macht den Unterschied, ob du 5.000 Euro oder nur 3.000 Euro zahlst.

In den meisten Verhandlungen existieren solche Joker, und zwar auf beiden Seiten. Dass du nicht an den von deiner Partnerin vorgeschlagenen Urlaubsort fahren willst, liegt vielleicht daran, dass du dort vor Jahren eine schlechte Erfahrung gemacht hast und es ihr nicht sagen willst, oder daran, dass du nicht offen ansprechen möchtest, dass du knapp bei Kasse bist. Diese kleinen Informationsschnipsel verändern die gesamte Situation. Daher ist es äußerst wertvoll, die von der anderen Partei zu kennen. Es geht nicht darum, diese auszunutzen, sondern vielmehr darum, mit allen Informationen ein tolles Ergebnis für alle Parteien zu kreieren.

Hast du diese drei Informationen, dann kommen wir zum nächsten Schritt: Wie kann eine Verhandlung ausgehen?

Win-Win
Wenn es zu einer Verhandlung kommt, neigen wir schnell dazu, diese zu einem Streit werden zu lassen. Der Grund hierfür ist der Gedanke, dass es immer einen Gewinner und einen Verlierer geben muss (sog. «Win-Lose»). Wir halten es nicht für möglich, dass beide gewinnen können. Gerade bei Kindern ist das schnell zu beobachten, wenn es um Spielzeug geht. Win-Lose ist aber gerade in den späteren Jahren nicht hilfreich, denn in den meisten Fällen gibt es viel mehr Ebenen in jeder Verhandlung, die auch Ergebnisse wie Win-Win ermöglichen. Was ist also Win-Win?

Wichtig ist, dass du verstehst, dass ich hier nicht von einem Kompromiss rede. Ein Kompromiss ist für mich immer der schlimmste Ausgang, weil beide Parteien mit dem Ergebnis nicht glücklich sind. In meiner Wahrnehmung haben beide

Parteien verloren. Bei Win-Lose ist zumindest eine Partei vollends zufriedengestellt.

In den ersten Jahren in der Berufswelt konnte ich eine Sache immer häufiger feststellen; Freunde und Bekannte von mir fanden oftmals ihren Lebensgefährten in einer anderen Stadt. Das sorgte für immer mehr Diskussionen, wenn darüber gesprochen wurde, zusammenzuziehen. Viele fanden eine Kompromisslösung, die meistens für beide schlecht war. Ein Paar dachte sich beim Zusammenziehen, dass es die beste Option sei, die neue Wohnung in der Mitte zu suchen, weil keiner in die Stadt des anderen ziehen wollte. So suchten sie Wohnungen in dem kleinen Dorf zwischen den beiden Großstädten, mit dem Ergebnis, dass beide unzufrieden waren. Beide liebten die Stadt wegen der vielen Möglichkeiten und des belebten Umfelds. Der Kompromiss, die geografische Mitte zu wählen, hat nur dafür gesorgt, dass sie jetzt auf dem Land leben und unglücklich sind.

Paare, die sich nicht einig werden, ob sie an den Strand fahren oder eine Abenteuerreise unternehmen wollen, wählen als Kompromiss den Städtetrip und sind unglücklich.

Verbraucher kaufen häufig «2 in 1»- oder sogar «3 in 1»-Produkte, nur um dann festzustellen, dass das Produkt keines der Dinge so gut kann wie eines, das speziell für ein Problem entwickelt wurde. Bis heute ist ein Tablet mit PC-Funktionalität immer noch kein Ersatz für einen normalen Laptop. Meistens sind wir auch bei der Wahl des Tablets besser bedient. Du kennst bestimmt selbst viele Beispiele. Deshalb ist ein Kompromiss eine Lose-Lose-Situation. Keiner ist glücklich.

Zurück also zur eigentlichen Frage: Was ist Win-Win?

Win-Win ist eine Lösung, bei der beide Parteien versuchen, die Bedürfnisse der anderen Partei zu befriedigen. Win-Win ist, wenn zwei Parteien in der Synergie zu etwas Größerem

> **POTENZIAL**
> Persönlichkeit

werden als die Summe der einzelnen Teile. Win-Win ist, wenn 1 plus 1 mehr als 2 ergibt. Du fragst dich sicherlich, wie das Ganze funktionieren soll. Die Antwort lautet: Kommunikation. Nehmen wir das Paar von eben, das darüber diskutiert, ob es einen Strandurlaub oder eine Abenteuerreise machen will. Die Frage ist, was genau sie zum Strandurlaub motiviert und ihn zur Abenteuerreise. Vielleicht hat es nichts mit dem Strand oder dem Abenteuer zu tun. Sie möchte vielleicht mehr Nähe zu ihrem Mann aufbauen, weil sie zuletzt wenig gemeinsame Zeit hatten und sie glaubt, dass eine ruhige Zeit am Strand die perfekte Gelegenheit für Nähe bietet. Er sieht das genauso und denkt sich deshalb, dass ein Abenteuer die beste Lösung wäre, da man sich am ehesten durch spannende Erlebnisse näherkommt. Betrachten wir die Situation so, dann sehen wir, dass beide dasselbe Ziel verfolgen. So können sie gemeinsam deutlich besser an diesem Ziel arbeiten. Das Ergebnis wird nicht irgendein Strandurlaub oder irgendeine Abenteuerreise sein, sondern der perfekte Urlaub. Ein Ergebnis, das besser ist als die Summe seiner Teile. In diesem Fall ist es eine Reise, in der sich das Paar viel näherkommt als in einem Strandurlaub und einer Abenteuerreise zusammen. Wie können wir solche Ergebnisse produzieren? Die Antwort ist – wie bereits gesagt – Kommunikation. Es ist essenziell, Absichten und Ziele zu kommunizieren, denn ansonsten ist es enorm schwierig, Win-Win-Situationen zu schaffen. Wenn hingegen die wahren Absichten klar sind, können wir unsere Kraft voll und ganz darauf fokussieren, zusammen als Team mit der anderen Partei eine Lösung zu finden, die allen Beteiligten das gibt, was sie sich wünschen. Ich möchte dir noch ein Beispiel geben, diesmal aus der Berufswelt. Immer wenn wir mit unserem Arbeitgeber verhandeln, befinden wir uns mit diesem im Kampf. Meistens wollen wir auf dessen Kosten mehr Geld und dieser will auf unsere Kosten weniger zahlen. Hier ist Win-Win unglaublich wertvoll, vorausgesetzt beide Parteien sind bereit, zusammen objektiv die beste Lösung zu finden. Stell dir vor, die Firma, in der du arbeitest, sucht seit einem Jahr jemanden, der den Onlineauftritt verbessern kann, jemanden, der etwas von Marketing versteht und weiß, wie man auch im Internet zur Nummer eins werden kann. Du selbst hattest schon immer ein natürliches Interesse für Marketing und liebst es, kreative Ideen umzusetzen. Es könnte für die Firma nun viel lukrativer sein, dich auf mehrere Seminare zu schicken, damit du in diesem Fachbereich noch besser wirst und diesen zusätzlich übernimmst, statt weiterzusuchen und jemanden für den Job neu einzustellen. Dein Arbeitgeber ist froh, jemanden gefunden zu haben, und bereit, dir dafür deutlich mehr zu bezahlen. Zudem wirst du nicht nur besser ausgebildet, sondern bekommst mehr Geld für eine Arbeit, die dir sogar besonders Spaß macht.

Win-Win kann magisch wirken, wenn du offen, objektiv und kommunikationsbereit danach suchst. Ich will dich deshalb sensibilisieren, häufiger darauf hinzuarbeiten.

Wenn du also in Verhandlungen eine Win-Win-Situation schaffen willst, befolge stets diese Reihenfolge:

1. Kommuniziere klar und deutlich deine Absicht und deine angedachte Lösung dafür.

2. Höre deinem Gegenüber zu und versuche, dessen Absicht voll und ganz zu verstehen, sodass du sie in eigenen Worten wiedergeben kannst.

3. Überlegt nun, welche Gemeinsamkeiten und Unterschiede eure Absichten haben und wie sie sich zusammenfassen lassen können.

POTENZIAL
Persönlichkeit

4. Bündelt eure Kräfte und überlegt euch eine Lösung, die beide Absichten bedient oder – wenn dies nicht möglich ist – eine andere Absicht entsprechend bedienen kann.

5. Verfeinert nun eure Lösung so, dass sie durch kleine Anpassungen am ehesten eurem Bedürfnis oder Ziel entspricht.

FINANZEN UND WIRTSCHAFT VERSTEHEN

Vieles scheint sich um Geld zu drehen. Wir alle brauchen es in der modernen Welt, denn ohne Geld ist der Lebensunterhalt heutzutage nicht mehr möglich. In meiner Zeit als Berater für Privatpersonen und Unternehmen im Bereich der Geldanlage habe ich viele Berührungspunkte damit gehabt, wie Menschen Geld verstehen und welche Beziehung sie zu Geld haben. Dieses Verständnis und diese Beziehung haben einen riesigen Einfluss auf unser Leben. Es entscheidet, wie viel Geld wir haben und verdienen, es entscheidet über unsere Lebensqualität und die Qualität unserer Beziehungen zu anderen und auch zu uns selbst. Geld ist oftmals die Quelle von Glück, aber häufiger von Leid. Nachdem ich Tausende Menschen und Unternehmen finanziell beraten und in die Welt der Aktien- und Immobilienfonds, ETFs, Lebensversicherungen bis hin zu Hebelprodukten, Krypto-Investitionen und Rohstoffhandel eingeführt habe, habe ich gelernt, wie wichtig es ist, dass wir ein grundlegendes Verständnis von Geld und der Funktionsweise der modernen Weltwirtschaft haben. Es macht alles im Leben einfacher. So möchte ich dir die essenziellen Dinge mitgeben, damit du das volle Potenzial deiner Arbeitskraft und damit deines Geldes ausschöpfen kannst. Fangen wir mit dem ersten großen Block an, dem Wachstum in der modernen Zeit.

Seit 1971 ist der Wert des amerikanischen Dollars nicht mehr an Gold gebunden. Dieses Gesetz, das Präsident Nixon damals verabschiedet hat, hat seitdem einen gravierenden Einfluss auf die moderne Welt. Früher war Geld nur ein einfach zu handhabendes Mittel, das für einen Gegenwert in Gold stand. So hat man damals für X Dollar X Gramm Gold bekommen. Dieser Wert war stabil und die Grundlage für jede Form von Handel. Schließlich war es leichter, als mit Gold durch die Gegend zu laufen, allein schon wegen des Gewichts. Das hieß aber, dass es nie mehr Dollar geben konnte als die entsprechende Menge Gold. Genau das änderte sich 1971. Plötzlich war der Dollar nicht mehr eine Wechseleinheit für Gold, sondern eine Fantasiewährung, die keinen Gegenwert mehr hatte. Das bedeutet, sie war nur so viel wert, wie die Menschen glaubten, was sie wert wäre. Folglich kann der Wert des Dollars auch sinken. Das war auch die Absicht hinter dieser gravierenden Änderung. Aus meiner Sicht wurde in diesem Moment die moderne Inflation geboren. Inflation bedeutet, dass Geld seine Kaufkraft verliert. Während du noch vor einigen Jahren für 0,50 Euro eine Kugel Eis bekommen hast, musst du heute teilweise zwei Euro für die gleiche Kugel Eis bezahlen. Die Kugel Eis schmeckt nicht besser oder ist größer geworden, sondern dein Geld ist nicht mehr so viel wert wie früher. Deshalb brauchst du für dieselben Waren und Dienstleistungen mehr davon. Dies ist aber kein Problem, sondern für Wachstum sogar etwas Gutes. Stell dir vor, du willst ein neues Smartphone für 1.000 Euro kaufen. Inflation motiviert dich, diesen Kauf lieber früher als später zu tätigen, weil dein Geld an Kaufkraft verliert. Du weißt, dass das neueste Smartphone von Apple dieses Jahr 1.000 Euro kostet, aber schon im nächsten Jahr 1.100 Euro und so weiter. Das heißt, alle Menschen haben eine Motivation, ihr Geld gegen Waren und Dienstleistungen einzutauschen, statt ihr Geld zu sparen. Denn sparen heißt, dass wir uns zukünftig weniger damit kaufen können als jetzt. Allgemein ist man zu dem Entschluss gekommen, dass eine Inflation zwischen zwei und drei Prozent pro Jahr gut für die Wirtschaft ist.

Stellen wir uns den gegenteiligen Fall vor: Deflation, also dein Geld gewinnt an Kaufkraft. Dies würde heißen, dass du immer mehr mit demselben Geld kaufen kannst. Wenn du z. B. wieder ein neues Smartphone brauchst, das jetzt 1.000 Euro kostet, dann wartest du eher noch ein Jahr und benutzt dein altes länger. Denn du weißt, dass das neue im nächsten Jahr nur 900 Euro und das danach wahrscheinlich nur 800 Euro

kostet. Allgemein würden alle ihr Geld sparen und weniger ausgeben, was natürlich schlecht für die gesamte Wirtschaft ist. Die Wirtschaft funktioniert immer gut, wenn sich viel Geld in einer schnellen Rotation befindet, also schnell den Besitzer wechselt. Wenn niemand Geld ausgibt, verdienen die Unternehmen weniger, also erhalten die Arbeitnehmer weniger, also bekommst du weniger und die gesamte Wirtschaft fährt herunter. Dies ist eine sehr einfache Erklärung der zwei wichtigsten Effekte der modernen Wirtschaft. Unser Ziel ist es, diese zu verstehen und für uns zu nutzen.

Wenn wir wissen, dass eine leichte Inflation gut ist und jede Regierung versucht, diesen Zustand zu erhalten, dann bedeutet das für uns, dass unser Erspartes an Wert verliert. Sparen ist somit eine der schlechtesten Sachen, die du tun kannst. Lass mich dir das einmal vorrechnen:

Sagen wir, du sparst ab dem Moment, in dem du dein erstes Gehalt bekommst, bis zu dem Moment, in dem du in Rente gehst, im Schnitt 250 Euro pro Monat. Das machst du 45 Jahre lang, also in Summe:

45 Jahre * 12 Monate * 250 Euro = 135.000 Euro

Das scheint auf den ersten Blick nicht wenig Geld zu sein. Jetzt kommt aber die Inflation dazu, das heißt, dein Geld verliert jedes Jahr zwischen zwei und drei Prozent an Wert, also 2,5 Prozent im Schnitt. Über 45 Jahre ist das eine beachtliche Summe, die du an Kaufkraft verlierst. Für solche Berechnungen suche ich immer im Internet einen Zinsrechner wie zinsen-berechnen.de und gebe die Werte ein: 135.000 Euro, die jedes Jahr 2,5 Prozent verlieren, und das über 45 Jahre. Das Ergebnis mit Inflation lautet:

80.489,96 Euro

POTENZIAL
Persönlichkeit

Das heißt: Auch wenn du 135.000 Euro hast, ist dein Geld in 45 Jahren nur 80.489,96 Euro wert. Das ist nicht viel. Wenn du 20 Jahre davon leben willst, hast du weniger als 340 Euro im Monat zur Verfügung.

Der wichtigste Punkt ist also, wie du dich vor der Inflation schützen und vielleicht sogar etwas hinzuverdienen kannst. Genau hier kommt Wachstum ins Spiel. Ich habe bereits erwähnt, dass Inflation sinnvoll ist, weil die Wirtschaft damit wächst. Was heißt aber eigentlich Wachstum? Du kannst davon ausgehen, dass neu erfundene Produkte aufgrund zweier wichtiger Regeln immer billiger und einfacher produziert werden. Die erste Regel ist Innovation und Optimierung. Durch neue Innovationen und Optimierung des Herstellungsprozesses wird es immer einfacher, die gleichen Güter zu produzieren. Überlege dir einmal, wie schwer es vor Hunderten Jahren war, etwas so Einfaches wie Besteck herzustellen. Es musste von Hand geschmiedet werden, während heute Maschinen die Fertigung unendlich schneller machen. Die zweite Regel beschreibt die Größe der Produktion. Diese ist immer billiger pro Stück, wenn man in großen Mengen produziert als in sehr kleinen. So senken beide Regeln mit der Zeit die Kosten jeder einzelnen Ware. Die Wirtschaft kann so durch Innovation neue Dinge schaffen und sie durch diese Regeln im Lauf der Zeit günstiger und einfacher produzieren, während du durch die Inflation motiviert bist, diese zu kaufen. Wir haben nun verstanden, dass die Wirtschaft wächst. Aber wie viel wächst sie? Die Antwort ist auch hier klar. In den letzten Jahrhunderten ist die Wirtschaft im Schnitt zwischen sechs und acht Prozent pro Jahr gewachsen. Woher weiß ich das? Die Antwort erhältst du, wenn du in diesem Zeitraum die größten Unternehmen der Welt (z. B. durch den Index MSCI World) und deren Gesamtwachstum betrachtest.

Wie können wir dieses Wachstum für uns nutzen, um der Inflation entgegenzuwirken? Wir investieren einfach genau in diese großen und weltweiten Unternehmen mit dem Ziel, unser Vermögen auch um sechs bis acht Prozent pro Jahr zu vermehren. Geben wir diese Werte wieder in den Zinsrechner ein und berücksichtigen dabei auch die Inflation. Unsere 135.000 Euro steigen durch ca. sieben Prozent Gewinn pro Jahr minus die Inflation von 2,5 Prozent pro Jahr um ca. 4,5 Prozent pro Jahr. Dies führt nach 45 Jahren zu einem Endergebnis von:

426.703,30 Euro,

also zu mehr als dem Fünffachen im Vergleich zum einfachen Sparen. Wir müssen unser Geld anlegen – und heute ist das auch superleicht. So gut wie jede Bank bietet die Möglichkeit, ein Depot mit dem Girokonto zu verbinden und darüber Wertpapiere, z. B. den MSCI World ETF, zu kaufen.

Bevor ich dir erkläre, was es damit auf sich hat, ist es wichtig, dass du verstehst, was ein Depot ist. Ein Portemonnaie ist genauso wie dein Girokonto ein Platz für dein Geld. Ein Depot hingegen ist ein Platz für Wertpapiere wie Firmenanteile, Aktien etc., sozusagen dein Portemonnaie für Investitionen. In dieses Depot kannst du Anteile an Wertanlagen legen. Diese können dann im Lauf der Zeit an Geld gewinnen. Du kannst z. B. Anteile an einem Index wie dem MSCI World ETF kaufen. Der MSCI World ist eine gebündelte Anlage in die 1.600 größten Unternehmen der Welt. Das heißt einfach ausgedrückt, du investierst mit einem Schlag in all die Unternehmen, die etwas zu sagen haben.

Du machst dir sicher Sorgen um das Risiko, aber das ist kein Problem. Lass es mich dir mit einem Beispiel erklären. Stell dir vor, du sitzt auf einem Stuhl und ich breche ein Bein ab.

POTENZIAL
Persönlichkeit

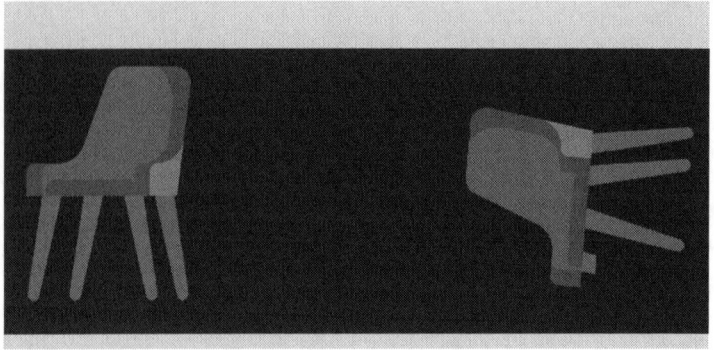

Schnell liegst du auf dem Boden, denn dein Stuhl kann mit drei Beinen nicht mehr stehen. Doch jetzt stell dir einen Stuhl mit 1.600 Beinen vor. Wie soll dieser jemals umkippen? Es ist nicht möglich. So funktioniert es auch mit deiner Geldanlage in Krisen. Manche Beine brechen ab, aber es sind immer genug andere da, die deine Geldanlage sichern – wie bei der Coronapandemie. Viele Firmen sind pleitegegangen und noch mehr Firmen ging es schlecht. Doch genauso, wie es Verlierer gab, z. B. viele Reiseunternehmen, so gab es auch Gewinner, z. B. viele Onlinedienste. Während die Menschen nicht mehr verreist sind, haben sie umso mehr online bestellt und sich durch Videotelefonie ausgetauscht. So kannst du dir sicher sein, dass die Wirtschaft sich trotz unbekannter Krisen immer wieder erholen wird. Wenn ich sage, dass die Wirtschaft in den letzten Jahrhunderten im Schnitt um sechs bis acht Prozent gewachsen ist, dann hat sie das mit all den Krisen in dieser Zeit getan. Im Vergleich zu den Weltkriegen, Immobilienkrisen und totalen Crashs wie dem Black Friday geht es heute ziemlich ruhig zu. Folglich kannst du dir so ohne Probleme eine beachtliche Summe ansparen. Ich möchte dir keine Finanzvorlesung halten, sondern dich dafür sensibilisieren, dich mit diesem Thema auseinanderzusetzen. Denn ein Buch und die Informationen darin können im Lauf der Zeit dein gesamtes Leben verändern. Versäume diese Chance nicht, solange du noch jung bist und der Zinseszins für dich noch arbeiten kann. Angeblich soll Albert Einstein einmal gesagt haben:

> «Die stärkste Kraft im Universum: der Zinseszins»

Ob das wahr ist, ist fragwürdig. Dennoch stimmt die Aussage. Wir Menschen können den Zinseszins-Effekt nicht richtig schätzen, weshalb es uns häufig schwerfällt, diesen im vollen Umfang für uns zu nutzen. Auch hier merkst du, wie schon ein wenig Wissen in diesem Bereich den Unterschied zwischen Reichtum und Altersarmut bedeuten kann. Welche Information kennst du noch, die so einfach 300.000 bis 400.000 Euro wert sein kann? Wahrscheinlich nicht viele, weshalb Finanzbildung auch zu den essenziellen Skills gehört, die du besitzen solltest.

Beziehungen verbessern
Die nächste Fähigkeit, die dein Leben verändern kann: gute Beziehungen zu führen und zu pflegen.

Ich bin in meinem Leben sehr häufig umgezogen. Als jemand, der in sehr jungen Jahren nach Deutschland ausgewandert ist, bestanden die ersten Jahre hier häufig darin, umzuziehen. Es ging so weit, dass ich, wenn ich die Umzüge in meiner Heimat miteinrechne, in fünf Kindergärten, drei Grundschulen und auf zwei Gymnasien war, bevor ich die Oberstufe erreichte, in der sich nochmals alles änderte. Danach studierte ich, und wieder war die Situation einem Umzug sehr ähnlich. Für mich bedeuteten diese Umzüge jedes Mal, dass ich alle meine Freunde und mein Leben, wie ich es kannte, aufgeben musste, um in einer neuen Stadt wieder von vorn anzufangen. Klar, ich war noch ein Kind. Da gibt es nicht viel Sichtbares, was man neu aufbauen muss, aber es waren die Beziehungen zu anderen, die ich jedes Mal neu aufbauen

POTENZIAL
Persönlichkeit

musste. Nach jedem Umzug hatte ich einen neuen besten Freund, ein neues Mädchen, das ich besonders toll fand, und neue Freunde, mit denen ich mich verabredete. Für mich war dieser Teil meines Lebens besonders schwankend. So habe ich Stabilität in meinen Beziehungen zu Menschen sehr schätzen gelernt. Freunde über mehrere Jahre und sogar Jahrzehnte zu haben, das hat einen besonderen Wert für mich, da es in meinem Leben einfach bisher so nicht vorgekommen ist. Der größte Einfluss, den diese Umzüge auf mich hatten, war, dass ich verstanden hatte, meine Beziehungen und deren Gestaltung aktiv angehen zu müssen.

Schauen wir in ein ganz normales Menschenleben, dann haben wir als Kleinkinder eine Handvoll Freunde aus dem Kindergarten, die wir täglich dort und manchmal privat sehen. Wenn wir in die Grundschule gehen, erweitert sich dieser Kreis; schnell kennen wir 20 bis 30 Menschen recht gut und noch weitere durch Vereine, sodass wir Beziehungen zu ca. 50 Menschen haben. In der weiterführenden Schule explodiert dieser Wert sehr schnell, da wir nun nicht nur alle aus unserer Klasse und Stufe kennen, sondern sogar noch viele aus anderen Stufen. In der Freizeit verbringen wir Zeit mit Freunden aus Vereinen und anderen Interessengemeinschaften. So kennen wir 200 bis 300 Menschen im Schnitt. Manche kennen sogar deutlich mehr. Kurz vor dem Schulabschluss erreicht dieser Wert meistens seinen Höhepunkt und sinkt dann ab. Nach dem Schulabschluss verteilen sich viele der Freunde im ganzen Land, wenn nicht sogar auf der ganzen Welt. Auf der Berufsschule oder der Universität sind meistens so viele Menschen, dass wir schnell untergehen. Dann finden wir meistens kleinere Gruppen, mit denen wir befreundet sind: meistens zwei bis drei Gruppen mit fünf bis zehn Menschen, sodass die Gesamtsumme wieder auf den Wert im Grundschulalter zurückfällt. Im Arbeitsleben angekommen, haben wir dann nach wenigen Jahren den Durchschnitt erreicht.

Der durchschnittliche Deutsche hat im Schnitt 3,7 enge Freunde und zählt elf Menschen zum engen Bekanntenkreis.

Als ich mich mit diesen Werten auseinandersetzte, fiel mir eine Sache auf: Es wirkt auf mich so, als seien wir selbst passiv, als nähmen wir keinen aktiven Einfluss auf die Beziehungen in unserem Leben. Ich glaube, es gibt nur wenige Menschen, die behaupten, sie würden am liebsten allein auf der Erde leben. Wir alle brauchen Beziehungen, Freunde und auch Bekannte. Das gehört zum Leben dazu. Es sind diese Gemeinschaft und diese Freundschaften, die das Lebensglück erzeugen. Doch gehen wir dieses Thema komplett passiv an. Wir haben immer so viele Bekannte und Freunde, wie es unsere aktuelle Lebenssituation zulässt. Gehen wir davon aus, dass es besser ist, mehr Freunde zu haben, dann entspricht das nicht unserem gewünschten Ziel. Denn in anderen Bereichen tun wir Dinge auch aktiv, wenn wir ein bestimmtes Ergebnis erreichen wollen: Wenn wir sportlicher werden wollen, machen wir aktiv mehr Sport. Wenn wir abnehmen wollen, essen wir aktiv weniger und machen eine Diät. Wenn wir bessere Noten schreiben wollen, lernen wir aktiv mehr. Wenn wir eine neue Sprache lernen wollen, üben wir aktiv und lernen neue Vokabeln. Wir warten bei all diesen Dingen nicht, dass es von allein passiert, oder hoffen auf eine andere Lebensphase, in der von allein etwas passiert. Wieso sind wir also bei unseren Beziehungen passiv?

Ich möchte dir eine Frage stellen: Kennst du einen Menschen, der früher eine wichtige Rolle in deinem Leben gespielt hat, heute aber leider nicht mehr, was du schade findest? Vielleicht seid ihr beste Freunde gewesen, habt euch täglich gesehen oder vielleicht hast du diese Person einfach sehr gemocht. Und jetzt frage ich dich: Was wäre, wenn du diese Person wieder kontaktieren würdest? Wir alle haben solche

POTENZIAL
Persönlichkeit

Menschen in unserem Leben. Wenn du wieder Kontakt aufnähmst, wäre alles wieder wie damals. Die Frage ist: Was ist passiert, dass diese Person keine wichtige Rolle mehr in deinem Leben spielt?

«Wir haben uns auseinandergelebt.»
«Er ist weggezogen.»
«Unsere Leben gingen in unterschiedliche Richtungen.»
«Ich weiß nicht. Der Kontakt wurde einfach weniger.»

All diese Dinge hören wir, wenn wir Menschen diese Frage stellen. Wieder stellen wir fest, dass all diese Dinge einen passiven Umgang beschreiben. Was wäre denn, wenn du dir aktiv Mühe geben würdest, diesen Menschen in dein Leben zurückzuholen, und den Kontakt wieder aufnehmen würdest? Innerhalb kürzester Zeit hättest du einen tollen Freund dazugewonnen.

Wir müssen aufhören, diesen Bereich unseres Lebens passiv anzugehen, und anfangen, aktiv etwas für unsere Beziehungen zu tun. Kontakt halten war noch nie so einfach wie heute. Das sollten wir nutzen. Es geht nicht darum, niemals einen Freund zu verlieren oder zu all den Tausend Menschen, die man jemals getroffen hat, Kontakt zu halten, sondern darum, nicht die Menschen zu verlieren, mit denen wir mit wenig Kontaktpflege eine tolle Zeit haben könnten. Wie kannst du also Beziehungen meistern und mehr und bessere haben?

1. Erkenne, welche Menschen in deinem Leben sind.

Überlege dir, welche Menschen du in den letzten 12 Monaten bewusst gesehen hast. Das können Familienmitglieder, Freunde, Partner, aber auch Bekannte sein. Überlege dir anschließend, welche Rolle diese Menschen in deinem Leben haben oder hatten. Waren sie in harten Zeiten für dich da oder sind sie tolle Gefährten zum Feiern?

2. Sei auf dem neuesten Stand.
Was ist der aktuelle Stand bei all diesen Menschen? Frage dich, welchen Beruf sie ausüben, in welcher Lebensphase sie stecken, welche Wünsche sie haben, aber auch, welche Sorgen.

3. Aktualisiere diesen Stand regelmäßig.
Triff dich regelmäßig mit den Menschen, die dir wichtig sind. Du sollst das nicht zwanghaft machen, sondern so, wie es dir Spaß macht. Am besten vereinbart ihr am Ende eines Treffens direkt das nächste. So verlierst du niemanden aus den Augen. Ich treffe z. B. regelmäßig einen Freund und nach jedem Treffen planen wir das nächste in einem Abstand von vier Wochen. So verlieren wir uns nicht aus den Augen und fühlen uns auch nicht unter Druck gesetzt, uns mehr sehen zu müssen, als einem von uns lieb ist.

4. Überlege dir, wie du deinem Netzwerk helfen kannst.
Frage dich bei jedem Einzelnen und auch nach jedem Treffen, was die Person gerade braucht, und überlege, ob du nicht jemanden kennst, der genau das bieten kann. Vielleicht heiratet ein Freund von dir und sucht noch einen Fotografen, den du zufällig von der Schulzeit kennst. Vielleicht ist das Auto von jemandem kaputt und muss durch den TÜV – und du hast genau den Nachbarn, der helfen kann. Indem du Menschen miteinander vernetzt, schaffst du positive Mehrwerte für alle, die dir dafür dankbar sind.

«Eine Hand wäscht die andere.»

Unbekannt

So wirst du schnell merken, dass du nicht nur mehr tolle Menschen in deinem Leben hast und viel vernetzter bist als vorher, sondern dass jeder dieser Menschen auch bereit ist, dir zu helfen, weil du stets dein Bestes gibst, um jedem Einzelnen zu helfen.

13. Balance

Bevor wir allmählich zum Ende des Buches kommen, erwartet dich mit diesem Kapitel das womöglich wichtigste Kapitel. Du hast es bestimmt schon Tausende Male gehört: Work-Life-Balance. Auch wenn dieses Thema allgegenwärtig zu sein scheint, erklärt niemand, wie wir die Balance im Leben finden und was Balance überhaupt heißt. Über die Jahre bin ich ganz unterschiedlich an dieses Thema herangegangen. Bestimmt findest du dich in der einen oder anderen Herangehensweise wieder.

Als ich mich zum ersten Mal mit diesem Thema beschäftigt habe, habe ich gedacht, es wäre am besten, wenn Arbeit und Privatleben in einer Balance sind, ähnlich wie Gewichte auf einer Waage. Einfach ausgedrückt: Wenn ich einen stressigen Arbeitstag hinter mir habe, brauche ich auch einen freien Tag zum Entspannen. Schnell habe ich gemerkt, dass es Phasen gibt, in denen ich mich danach sehne, mehr zu arbeiten, und Phasen, in denen ich mehr entspannen will. Der Zwang nach Balance sorgte für unfertige berufliche Projekte und auch verpasste Chancen im Privaten. Ich konnte das so nicht auf ewig beibehalten und immer nur hoffen, dass der Alltag mein Leben nicht aus der Balance wirft. Jahrelang war Arbeit mein Fokus gewesen. Als junger Selbstständiger verbrachte ich viel Zeit und Mühe damit, mir etwas aufzubauen, auf das ich stolz sein konnte. Ich stellte fest, dass ich immer dann am produktivsten war, wenn mein Privatleben stabil war, ich eine tolle, erfüllende Beziehung, Zeit für die Familie und auch Zeit für mich hatte. Das bot mir ein stabiles Fundament, mich zu entfalten. Doch auch dies änderte sich. Im letzten Jahr wurde ich zunehmend unzufriedener mit meiner Selbstständigkeit und meinen alltäglichen Aufgaben. Ich sehnte mich nach einem

POTENZIAL
Persönlichkeit

beruflichen Tapetenwechsel und entschied mich, meine Selbstständigkeit aufzugeben und mich erst einmal kleineren Projekten zu widmen, bis ich in der Branche neu Fuß fassen konnte. Für mich bedeutete das ein halbes Jahr, in dem ich nicht mehr tagtäglich von morgens bis abends meiner Arbeit nachgehen musste. Auf einmal hatte ich sehr viel Zeit für Privates. So verschob sich mein Fokus. Zu meinem Glück war ich darauf vorbereitet und hatte als Selbstständiger genug angespart, um dieses halbe Jahr überbrücken zu können, ohne mich um die Finanzen sorgen zu müssen. Mein Unternehmen ruhte und ich konnte die Zeit anders nutzen. Mein Einkommen war durch mein Erspartes gesichert und alles Finanzielle stand auf einem stabilen Fundament. Die gewonnene Zeit widmete ich meinem Privatleben. Ich baute mir ein tolles Leben mit meiner Partnerin auf. Wir zogen zusammen und machten all die Dinge, die meistens zu kurz kamen, als wir im klassischen Alltag gefangen waren.

Hier merkte ich zum zweiten Mal, dass Work-Life-Balance nicht heißt, dass beide Bereiche stabil sein müssen und keine Schwankungen haben dürfen. Im Gegenteil: Ein Bereich kann ruhig schwanken, wenn der andere Stabilität bietet. Ich möchte mit dir die Möglichkeiten durchgehen, damit du genau verstehst, wo du gerade stehst und was du tun kannst, damit du im Alltag erfüllter bist.

Die erste Möglichkeit ist die perfekte Balance. Das Arbeitsleben und auch das Privatleben bewegen sich parallel zueinander und es gibt so gut wie keine Schwankungen.

So ein Leben ist meistens erdrückend langweilig. Stell dir ein Leben vor, in dem jeder Tag, jede Woche, jeder Monat und jedes Jahr gleich ist. Es gibt Menschen, die wollen und brauchen das. Das ist vollkommen in Ordnung, wenn es sie erfüllt. Was ich damit aber sagen will: Die meisten wollen nicht so ein Leben führen. Es sind die spannenden Momente, die nicht geplant sind, die ein Leben lebenswert machen. Auch im Beruflichen erreichst du das meiste, indem du etwas wagst und nicht nur deine Arbeit nach Vorschrift erledigst. Über Jahrzehnte hinweg jeden Tag immer dasselbe zu machen, kann dich im Nachhinein vieles bereuen lassen. Es bleibt vieles, was du gern gemacht hättest, aber nicht gemacht hast. Besser als Mark Twain kann man es nicht ausdrücken, denn von ihm stammt mein Lieblingszitat:

«In 20 Jahren wirst du die Dinge, die du nicht gemacht hast, mehr bereuen als die Dinge, die du gemacht hast. Mach die Leinen los und verlasse den sicheren Hafen. Fang den Wind in deinen Segeln ein. Erforsche. Träume. Entdecke.»

Die zweite Möglichkeit ist das Gegenteil von Balance:

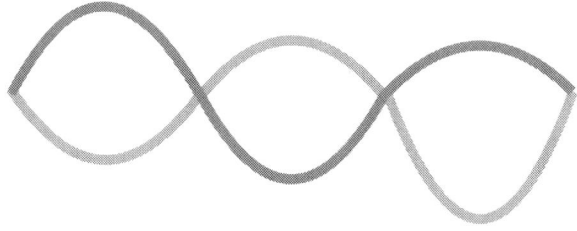

Schwankungen jeglicher Art in beiden Bereichen des Lebens.

So ein Leben besteht meistens aus Chaos. Jeder von uns kennt so ein Leben. Stell dir einen jungen Studenten vor, der vor einer wichtigen Prüfungsphase steht. Genau in dieser Phase steht seine langjährige Beziehung auf der Kippe. Der Streit nimmt ihm die Konzentration und Kraft, sich aufs Lernen zu konzentrieren, und die fehlende Zeit beim Lernen sorgt für schlechte Klausurnoten. Schnell befindet er sich in einer Negativspirale, verliert an Selbstbewusstsein und hinterfragt das ganze Studium, obwohl nur die fehlende Balance daran schuld ist. Dieses Beispiel kannst du auf jeden anwenden, wenn du nur die jeweilige Situation umschreibst: ob im Berufsleben vor einem wichtigen Projekt oder als Selbstständiger, bevor du einen großen Kunden für dich gewinnst. Menschen verlieren ihre Jobs, ihre Beziehungen, entfernen sich von engen Freunden und der Familie – und das meistens nur wegen der Schwankungen, die sich in den beiden Bereichen addieren. So ein Leben kann sehr spannend sein und bietet meistens die Grundlage für tolle Filme oder Serien, aber es ist weniger für jeden Einzelnen von uns geeignet. Es ist wie ein kleines Boot, das versucht, auf hoher See in einem gewaltigen Sturm zu überleben. Wenn dann noch die Mannschaft auf diesem Boot nicht als Team arbeitet, ist sie dem Tod nahe.

Kommen wir zur dritten Möglichkeit:

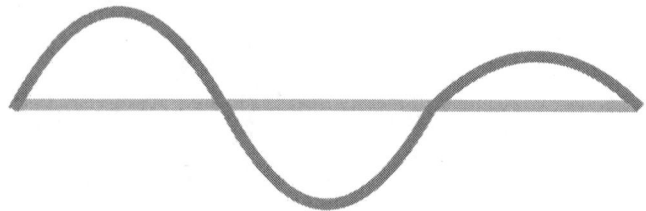

Ein Bereich unseres Lebens ist immer stabil, während wir in dem jeweils anderen Bereich Schwankungen zulassen können, die meistens Wachstum bedeuten.

Schaust du dir so ein Leben an, stellst du fest, dass diese Menschen immer etwas zu erzählen haben, ähnlich wie bei der zweiten Möglichkeit, aber mit einer Ruhe und Gelassenheit, die inspirierend sein kann. Kennst du das, wenn ein Mensch von seiner Leidenschaft spricht und du das Strahlen in seinen Augen sehen kannst? Genau von diesen Menschen spreche ich. Diese dritte Möglichkeit hat sich über die Jahre als die Methode bewährt, mit der sich schnell die größten Erfolge erzielen lassen. Hierbei ist es wichtig, die Bereiche in regelmäßigen Zeitabständen zu tauschen.

Wenn ich auf die letzten Jahre zurückblicke, hatte ich immer wieder Phasen mit einem sehr stabilen Privatleben. In diesen Phasen hatte ich alles so organisiert, dass ich mich wenig sorgen musste. Beispielsweise hatte ich als alleinlebender Single eine Reinigungskraft, die einmal die Woche bei mir für Ordnung sorgte. Außerdem ließ ich mir meinen Einkauf liefern. Diese zwei kleinen Dinge, die sich wirklich einfach organisieren lassen, sorgten dafür, dass ich nur noch geplant habe, wann ich meine Freunde und Familie treffe. Die restliche Zeit konnte ich mich auf meine Selbstständigkeit fokussieren, was mir die Möglichkeit bot, mehr Risiken einzugehen und in der Zeitgestaltung flexibler zu sein. Schwankungen im Alltag waren viel einfacher auszugleichen, da ich mich nicht mehr um die Alltagsaufgaben kümmern musste. Ergebnis dieser Phase war, dass ich zwar mehr Geld für die Reinigungskraft und die Lieferung von Einkauf und Essen ausgab, ich aber unterm Strich deutlich mehr verdiente als vorher, viele neue Erfolge hatte und meine Selbstständigkeit auf ein neues Niveau heben konnte. Dies führte ich etwas über zwei Jahre so fort, bis ich entschied, meinen Fokus wieder stärker auf mein Privatleben zu richten. Es ist dieser Wechsel der Stabilität von einem Bereich zum anderen, der dir die Chance bietet, all die Dinge zu erreichen, nach denen du dich sehnst.

POTENZIAL
Persönlichkeit

Versuche, dir also immer eine Konstante zu schaffen. Diese Konstante gibt dir dann in einem Lebensbereich die Zeit und Energie, die du brauchst, um in einem anderen Bereich geplante Risiken mit hohen Erfolgschancen einzugehen. Es ist beispielsweise einfacher, eine Firma zu gründen, wenn du eine ordentliche Summe gespart hast und deine Lebensgefährtin dich im Alltag unterstützt, als wenn du dein letztes Geld zusammensammelst und es ohne jegliche Hilfe investierst.

MEDITATION

Ein Thema, das gerade in den letzten Jahren immer mehr in den Fokus der Öffentlichkeit gerückt ist und fast Trend-Charakter gewonnen hat, ist die Meditation. Auch wenn die Menschen schon vor Tausenden von Jahren meditiert haben und es bis heute in vielen Religionen, Glaubensrichtungen und Kulturen regelmäßig tun, ist es erst vor wenigen Jahren mit Persönlichkeitsentwicklung in Verbindung gebracht worden. Bevor ich dir erkläre, was es dir nützt, zu meditieren, musst du verstehen, wie unser Gehirn funktioniert, damit du dann verstehst, was Meditation daran verändert.

Stell dir dein Gehirn wie einen Dschungel vor. Alles ist dicht bewachsen und du kommst so ohne Weiteres nicht vorwärts. Wenn du also zur anderen Seite gehen willst, musst du dich durch das dichte Gewächs kämpfen. Auf dem Rückweg ist es jedoch schon viel einfacher, denn du kannst denselben Weg nehmen wie auf dem Hinweg. Du stellst fest, dass du nicht mehr so sehr kämpfen musst. Viele Büsche, Äste und Bäume hast du bereits beim Hinweg aus dem Weg geräumt. Wenn du das nächste Mal wieder auf die andere Seite des Dschungels willst, dann nimmst du wahrscheinlich wieder denselben Weg. Mit jedem Mal wird dieser Weg einfacher. Aus dem dicht bewachsenen Weg wird ein Pfad und aus dem Pfad wird irgendwann eine fest angelegte Straße. So funktioniert es auch in deinem Gehirn. Wie der Forscher Donald Hebb einst gesagt hat:

«Neurons that fire together, wire together.»

Was Donald Hebb damit meinte, ist, dass unsere Synapsen im Gehirn stärker werden und sich vermehren, je häufiger wir diese verwenden. Einfach ausgedrückt: Die Wege unserer

POTENZIAL
Persönlichkeit

Gedanken werden wie in dem Beispiel immer leichter zu begehen, je häufiger wir diese Wege nutzen. Dies ist eine tolle Funktion unseres Gehirns, die uns hilft, zunächst schwierige Dinge immer leichter zu erledigen, bis sie zum Automatismus werden. Autofahren z. B. ist zu Beginn ein sehr aktiver Prozess, der aber im Laufe der Zeit immer passiver abläuft. Du überlegst nicht mehr, wenn du die Klimaanlage während der Fahrt bedienst, und du schnallst dich automatisch an, ohne dass du aktiv daran denken musst.

Doch genau diese Funktion, die vieles in unserem Alltag einfacher macht, sorgt auch dafür, dass wir immer weniger nach einem alternativen Weg suchen, um unser Ziel zu erreichen. Wir laufen immer wieder auf demselben Pfad, auch wenn es nicht unbedingt der beste ist, und das nur, weil dieser Pfad am einfachsten ist. Im Gehirn nennt man das «Default Mode Network» (dt. Ruhezustandsnetzwerk) oder kurz DMN. Das DMN ist das Bahnnetz deines Gehirns, mit dem du Gedanken schnell transportieren kannst. Wenn du deine Gedanken nicht über das DMN transportieren willst, dann erwartet sie kein schnelles Bahnnetz, sondern ein noch nicht erschlossener Dschungel. Wieder musst du dich also durchkämpfen, statt die schnelle Bahn nehmen zu können.

Was hat das nun alles mit Meditation zu tun? Es zeigt sich, dass Menschen, die regelmäßig meditieren, ihr DMN vergrößern. Eine wissenschaftliche Publikation von 2016[8] hat gezeigt, dass die Aktivität im DMN sinkt, wenn wir meditieren. Du kannst auf diese Weise dein DMN deutlich vergrößern und so das Potenzial deines Gehirns erweitern, weil du dann nicht nur wenige Bahnlinien hast, die du nutzen kannst, sondern ein großes Netz, das dich schnell und direkt von jedem Ort zum anderen bringt. Denn jedes Mal, wenn du nicht dein DMN nutzt, sondern beispielsweise durch Meditation andere Synapsen verwendest, ist es so, als würdest du in diesem

Dschungel einen neuen Pfad entlanggehen und diesen zu einer neuen Straße bzw. Bahnlinie erweitern. Du schaffst neue Leitungen in deinem Gehirn, die dieselben Ziele auf anderen Wegen erreichen. Dies kann beispielsweise der Grund für eine neue Herangehensweise bei einem alten Problem sein oder dir ganz neue Möglichkeiten der Lösungsfindung eröffnen. Wenn ich dir also nahelege, regelmäßig zu meditieren, dann aus zwei Gründen: Erstens kannst du durch Meditation das volle Potenzial deines Gehirns erschließen.

Der zweite Grund für die Meditation ist die Tatsache, dass wir uns schnell ablenken lassen. Wie schon zu Beginn des Buches erläutert, leben wir in einer Welt, in der Zeit das wertvollste Gut ist und jeder in unserem Umfeld versucht, uns so viel wie möglich davon wegzunehmen. Gerade jetzt ist es so wichtig wie noch nie, sich nicht ablenken zu lassen und so viel Zeit wie möglich bewusst einzusetzen, statt sie für andere Dinge zu vergeuden. Meditation in ihrer reinsten Form mag uns glauben machen, dass du dich bloß nicht ablenken lassen sollst. Doch genau dieser Gedanke ist falsch. Es geht nicht darum, dass du die ganze Zeit ununterbrochen und ohne Ablenkung meditierst, sondern dass du lernst, eingehende Gedanken zu erkennen, anzunehmen und wieder loszulassen. Joseph Nguyen beschreibt in seinem Buch «Don't believe everything you think»[9], dass man Gedanken vom Denken unterscheiden muss. Gedanken sind nach seiner Theorie etwas, was wir nicht beeinflussen können. Sozusagen Ideen, die durch die Komplexität unseres Gehirns auftauchen und wieder verschwinden. Das Denken aber ist ein aktiver Prozess. Wir denken bewusst in eine Richtung. Dabei ist es egal, ob der Ursprung unseres Denkens ein spontaner Gedanke war oder wir von uns aus entschieden haben, in diese Richtung zu denken. Wenn wir meditieren, dann ist es uns nicht möglich, keine Gedanken zu haben, da diese spontan und ohne unseren Einfluss einfach auftauchen. Es geht eher darum, beim Meditieren den Akt des Denkens loszulassen. Das heißt, wir nehmen jeden ankommenden Gedanken an und lassen ihn, so lange dieser will, in unserem Kopf, bis er wieder von allein verschwindet. Aber wir fangen nicht aktiv an, über diesen Gedanken nachzudenken oder ihn weiterzudenken. Jedes Mal, wenn wir merken, dass genau das passiert, reicht es aus, dass wir genau dies bemerken, um das aktive Denken direkt wieder zu stoppen.

Mit dieser Methode lernen wir, uns immer besser zu fokussieren, denn eine Ablenkung ist nichts anderes als ein aufgetauchter Gedanke, den wir durch aktives Denken haben weiterleben lassen. Stell dir vor, du bereitest gerade eine wichtige Präsentation vor. Plötzlich hörst du den Benachrichtigungston deines Laptops, weil du eine E-Mail bekommen hast. Dies erinnert dich an eine ungeklärte Angelegenheit, die du heute noch klären wolltest. Das ist der passiv entstandene Gedanke. Wenn du diesen Gedanken einfach sich selbst überlässt, kannst du schon in wenigen Augenblicken mit voller Konzentration wieder arbeiten. Doch wenn du jetzt aktiv einschreitest und anfängst zu denken, hat die Ablenkung gewonnen. Alles, was du jetzt denkst, lenkt dich nur ab und nützt dir in diesem Moment nichts. Vielleicht denkst du über die Folgen nach, auch wenn die Angelegenheit ungeklärt bleibt. Vielleicht grübelst du aber auch über neue Möglichkeiten, die du nicht versucht hast, um alles zu klären. Egal was du jetzt denkst, es nimmt dir Ressourcen, die du eigentlich für die Präsentation nutzen solltest.

Meditation hilft dir also dabei, ähnlich wie Muskeltraining, immer wieder Gedanken anzunehmen, sie jedoch nicht weiterzudenken. Mit genug Training wirst du feststellen, dass du dich viel schwerer ablenken lässt und häufiger die Dinge machen kannst, die du dir wirklich vorgenommen hast, und zwar mit eiserner Konzentration. Wie meditierst du jetzt richtig? Wenn du dich mit dem Thema auseinandersetzt, findest du Unmengen an Informationen – und wieder einmal ist das zu viel des Guten. Ich habe herausgefunden, dass du nur auf zwei Dinge achten solltest, wenn du meditierst:

1. Das Wichtigste ist, so zu meditieren, dass du ruhig und geistig aktiv sein kannst. Versuchst du beispielsweise, im Liegen zu meditieren, kann es schnell passieren, dass du einschläfst. Dann bist du nicht mehr ruhig und geistig aktiv, sondern ruhig und geistig inaktiv. Genauso wichtig ist es, einen Ort zu wählen, der außer wenigen Hintergrundgeräuschen dich nicht ablenkt, damit du auch wirklich zur Ruhe kommen kannst. Stell dir vor, du meditierst bei geöffnetem Fenster. Mit geschlossenen Augen lauschst du deinen Gedanken, während draußen eine Baustelle alle paar Sekunden einen neuen plötzlichen Ton von sich gibt. Es ist sehr schwer, dabei wirklich zur Ruhe zu kommen, deshalb ist dieses Umfeld nicht optimal. Achte also stets auf diese zwei Faktoren: Ruhe und geistige Aktivität.

`2. Achte darauf, dass du mit einem leeren Kopf startest. Das gelingt am besten, indem du ein paarmal tief ein- und ausatmest und dich auf nichts anderes als auf deine Atmung konzentrierst.

Zum Meditieren brauchst du nicht mehr als diese zwei Dinge. Beginne mit wenigen Minuten und steigere dies allmählich, sodass du irgendwann eine ganze Stunde meditieren kannst. Das reicht für die ersten Male aus und bietet dir eine Basis für deine neue Gewohnheit.

POTENZIAL
Persönlichkeit

FLOW FÜR SICH NUTZEN

Da wir beim Thema Meditation und Ruhe sind, passt das nächste Thema sehr gut. Der berühmte Autor Ryan Holiday[10] hat dazu sogar ein ganzes Buch verfasst. Auch viele ideologische Richtungen predigen dieselbe Weisheit. Es geht darum, dass in der Stille dein Weg liegt. Das mag auf den ersten Eindruck sehr fantasievoll klingen, doch genau das Gegenteil ist der Fall.

Sicherlich kennst du jemanden, der Prüfungsangst hat. Diese Menschen machen sich vor Prüfungen meistens übermäßig viele Sorgen, ob sie die gewünschte Leistung erbringen können. Man müsste meinen, so etwas könnte der Sache dienlich sein, denn schließlich verwendet die Person damit mehr Aufmerksamkeit auf das Essenzielle, in diesem Fall auf die Prüfung, und lenkt sich nicht mit anderen Dingen ab. Doch wir alle wissen, dass Prüfungsangst nicht nur nicht hilfreich ist, sondern dass sie uns gerade in den Momenten, in denen es darauf ankommt, die Fähigkeit nimmt, unser Bestes zu geben. Genauso verhält es sich vor einem Auftritt oder einer Präsentation, wenn du Lampenfieber spürst. Noch eben konntest du den gesamten Ablauf auswendig, und im nächsten Moment versuchst du, deinen Körper im Zaum zu halten, und vergisst eine Zeile nach der anderen. Diese übermäßige Reaktion des Körpers und des Geistes hilft in diesem Fall nicht, bessere Leistungen zu erbringen.

Für den gegenteiligen Fall kennen wir auch genügend Beispiele. Betrachtet man Fälle, in denen Menschen gleichgültig einem Thema entgegensehen, dann werden die Ergebnisse auch nicht gut. Wenn einem egal ist, welches Ergebnis man produziert, dann spiegelt sich das in jeder kleinen Handlung wider. Die nötige Detailtreue für ein herausragendes Ergebnis ist dann nicht mehr vorhanden.

POTENZIAL
Persönlichkeit

Wann kannst du also die besten Ergebnisse produzieren und wie kannst du das systematisch immer und immer wieder tun? Damit du dein volles Potenzial entfalten kannst, musst du verstehen, wie Momente der Überreizung, aber auch der Unterreizung funktionieren und was du tun kannst, um diese zu kontrollieren.

Momente der Überreizung kannst du dir vorstellen wie den Vorführeffekt. Immer dann, wenn du jemandem etwas zeigen willst, geht es schief. Wissenschaftler haben versucht, diesen Effekt zu untersuchen, und kamen auf ein erstaunliches Ergebnis: Der Blick eines anderen Menschen hat tatsächlich einen Einfluss darauf, wie wir handeln. In einer wissenschaftlichen Studie[11] von Michiko Yoshie, Yoko Nagai, Hugo D. Critchley und Neil A. Harrison wird genau dieses Phänomen gemessen und gezeigt. Beispielsweise veränderte sich bei den Probanden so etwas Einfaches wie die Stärke des Griffs, wenn andere dabei zuschauten, auch wenn diese nur in einem Video zu sehen waren. Wenn wir also schon bei so geringfügigen Reizen unser Verhalten verändern, dann können wir davon ausgehen, dass wir bei all den Sorgen, die wir uns machen, im Fall der Prüfungsangst, noch mehr unser natürliches Verhalten verändern.

Genauso ist es aber auch nicht produktiv, wenn wir der Hauptsache keine Bedeutung zuschreiben. Hast du schon einmal nebenbei gekocht, während du eigentlich etwas Wichtigeres gemacht hast? Schnell fehlt eine Zutat oder man würzt zu stark. Das Essen wird nicht so gut, wie es hätte sein können, und das einfach nur aus dem Grund, dass man nicht all seine Ressourcen dieser einen Aufgabe gewidmet hat. Auch in Fällen, in denen man zu wenig aktiv ist, schöpft man nicht sein volles Potenzial aus. Mit den Gefühlen ist es auch so. Bist du voller Aufregung und Vorfreude, dann kann es passieren, dass du vor lauter Aktivität Fehler machst. Entsprechend reagierst du vielleicht viel zu stark, wenn du gerade gereizt und sehr wütend bist. Dieselbe Situation, beispielsweise ein Stau, kann dich in den Wahnsinn treiben, wenn du sowieso schon einen schlechten Tag hattest. Sie kann dir aber auch völlig egal sein, wenn du einen tollen Tag hattest und noch vor dich hinträumst.

Warst du schon einmal im Flow? Auch wenn du nicht weißt, was Flow bedeutet, kennst du sicherlich diesen Zustand ganz genau. Es ist die Zeit, in der du fast eins wirst mit dem, was du tust. Die Zeit, in der du, ohne es zu merken, Dinge mit einer fast ansteckenden Leichtigkeit machst. Erstmals beschrieb der Professor Mihály Csíkszentmihályi den Begriff in den 1970er-Jahren. Im Flow vergeht die Zeit wie im Flug. Du lässt dich von fast nichts ablenken. Denk einmal an das letzte Mal zurück, als du so richtig im Flow warst. Wie hast du dich gefühlt? Die meisten Menschen beschreiben ein tolles Gefühl. Genau darum geht es. Du schaffst die Dinge am besten, wenn du im Flow bist. Wie kommst du häufiger in den Flow? Stell dir vor, dein Chef gibt dir eine Aufgabe, die dir viel zu schwierig vorkommt. Du hast so etwas noch nie gemacht und keine Ahnung, wo du überhaupt anfangen sollst. Bei solchen Aufgaben wirst du sicherlich nicht in den Flow kommen. Du weißt noch nicht einmal, was du machen sollst. Genervt probierst du einiges aus und hoffst, dass etwas dabei ist, das dir helfen kann und deinen Chef zufriedenstellt.

Andersherum sind viel zu einfache Routineaufgaben auch nicht unbedingt hilfreich, um in den Flow zu kommen. Du bist genauso genervt von der Aufgabe, langweilst dich und fragst dich, warum ausgerechnet du das machen sollst, weil die Aufgabe genauso gut von einem dressierten Affen erledigt werden könnte. Diese Aufgabe hilft dir auch nicht, dein volles Potenzial zu entfalten. Man mag glauben, dass die Antwort genau in der Mitte liegt, also in Aufgaben, die zu 100 Prozent deinen Fähigkeiten entsprechen, doch das ist falsch. Allgemein liegt dieser Wert bei eher 104 Prozent, also kommst du am ehesten in den Flow, wenn die Aufgabe vier Prozent schwieriger ist, als deine Fähigkeiten erlauben. Doch es ist nicht alltagstauglich, die eigene Fähigkeit in Prozent auszudrücken und die Herausforderung ebenfalls daran zu messen. Wir müssen also Aufgaben identifizieren, die zwischen Langeweile und Angst liegen und die uns fordern, aber nicht überfordern.

Wenn ich mich in ein neues Projekt stürze, arbeite ich folgende fünf Punkte ab:

1. Klare Ziele

Es ist essenziell für deine Leistungsfähigkeit, einen Vergleichswert zu haben, also etwas, woran du dich und deine Leistung messen kannst. Ohne ein Ziel ist nicht klar, was du alles geleistet hast und inwiefern du Fortschritte gemacht hast. Ich unterscheide immer gern zwischen endlichen und unendlichen Aufgaben. Eine **endliche Aufgabe** ist wie eine Runde Mensch ärgere dich nicht. Du kannst genau bestimmen, wann das Spiel anfängt und auch wann es zu Ende ist. Bei einer **unendlichen Aufgabe** kannst du das nicht. Entweder fehlt der Anfang, das Ende oder sogar beides. Nimm als Beispiel deine Beziehung zu deinen Freunden: Klar, wir können sagen, diese begann mit dem ersten Kontakt und endet mit deinem Tod, jedoch bilden der Tod oder auch deine Geburt keine Grenze. Du führst somit dein gesamtes Leben eine Beziehung zu deinen Freunden, unabhängig davon, ob diese gut ist oder nicht. Du kannst somit nicht messen, wie gut du bist, da du keine Anhaltspunkte hast. Beruflich wäre z. B. die Optimierung der Website so eine unendliche Aufgabe oder die Steigerung der Kundenzufriedenheit. Um in den Zustand des Flows zu kommen, brauchst du also endliche Aufgaben, damit du stets Feedback dazu hast, wie weit du bist.

2. Begrenzter Bereich

Hast du schon einmal jemanden gesehen, der mit voller Konzentration versucht, in einer Sportart besser zu werden? Bestimmt kennst du jemanden, der einen Ball nach dem anderen in Richtung Korb wirft, um beim Basketball den entscheidenden Dreipunktewurf zu machen. Das ist ein Beispiel für einen **begrenzten Bereich**. Es geht darum, Körbe zu werfen, nicht mehr, aber auch nicht weniger. Dieselbe Motivation hast du aber nicht, wenn die Aufgabe beispielsweise lautet, du sollst ein besserer Mensch werden. In diesem zweiten Beispiel handelt es sich um einen **unbegrenzten Bereich**. Es gibt unendlich viele Möglichkeiten, das zu tun. Somit ist der Bereich, in dem du agieren kannst, ohne Grenzen. Du könntest gesünder essen, netter sein, mehr Sport treiben, mehr lernen, deine Kommunikation verbessern etc. Beruflich könnte das Ziel, ein besserer Verkäufer zu werden, so ein unbegrenzter Bereich sein. Du könntest unendlich viele Dinge tun, um besser zu verkaufen.

Achte also auf einen begrenzten Bereich, wenn du in den Flow kommen willst, denn ohne diesen ist dein Fokus gestreut.

3. Übereinstimmung mit den eigenen Fähigkeiten

Stell dir vor, der Besitzer eines angesagten Restaurants bittet seinen Chefkoch, für die anstehende Veranstaltung sein bestes Gericht zu kochen – und zwar so, dass alle begeistert sind. Diese Aufgabe stimmt perfekt mit den **Fähigkeiten** des Chefkochs überein und bietet ihm eine Herausforderung, in der er perfekt aufgehen kann. Nehmen wir dasselbe Beispiel, doch dieses Mal soll der Chefkoch die Marketingkampagne für die Veranstaltung kreieren und managen. Von dieser Aufgabe versteht der Chefkoch nichts. Er hat **keine Fähigkeiten** in diesem

Bereich. Um in den Flow zu kommen, ist es – wie oben bereits beschrieben – wichtig, dass die Aufgabe deine Fähigkeiten nur leicht überschreitet. Aus diesem Grund ist es essenziell für den Flow, dass die gesamte Aufgabe mit deinen Fähigkeiten lösbar ist bzw. Dinge, die fehlen, schnell erlernbar sind und auf bereits bestehenden Fähigkeiten aufbauen.

4. Kontrolle

Dieser Punkt ist der wichtigste Punkt: die Frage, ob du bei deinem Projekt die Kontrolle hast oder nicht. Das mag zunächst einfach klingen und scheinbar nicht von so großer Bedeutung sein, doch du irrst dich. Stell dir vor, du hast bei der Aufgabe, die du bewältigen willst, **keine Kontrolle**. Ich meine damit, dass deine Handlungen keinen messbaren Einfluss auf das Ergebnis haben. Es ist also mehr Zufall, wenn das, was du tust, auch zum gewünschten Ergebnis führt. Schnell wird dir klar, dass es egal ist, ob du handelst oder nicht, ob du dir Mühe gibst oder nicht und ob du motiviert bist oder eben nicht. Ohne Kontrolle über den Ablauf und das Ergebnis brauchst du nichts zu tun, denn das Ergebnis beeinflusst nicht du. Schnell ähneln deine Handlungen einem Phänomen, dass man «erlernte Hilflosigkeit» nennt. Stell dir beispielsweise ein Spiel vor, das lediglich auf einem Münzwurf basiert. Wie sehr du dich auch anstrengst, die Münze entscheidet, ob du gewonnen hast oder nicht. Warum solltest du dich also anstrengen? Dies mag ein einfaches Beispiel sein, doch im Alltag begegnet uns dieser Punkt häufig in getarnter Form. Vorgesetzte und Chefs nehmen den Mitarbeitern jede Motivation durch willkürliche Wutausbrüche und Dankbarkeitsbekundungen. Die Mitarbeiter sind verwirrt, denn sie erkennen keinen Zusammenhang zwischen der erbrachten Leistung und der Stimmung des Chefs. Folglich sinken die

Motivation und die Leistungsbereitschaft, da keiner weiß, welche Leistung wirklich gut ist und gelobt wird und welche eben nicht. Hast du im Gegenteil ein System, in dem du die **absolute Kontrolle** hast, dann kannst du aus jeder deiner Entscheidungen lernen, dich verbessern und immer Größeres leisten. Es kann so etwas Einfaches sein wie das Hochhalten eines Fußballs: Mit jeder Bewegung merkst du, ob dich diese deinem Ziel, den Ball länger hochzuhalten, näher bringt oder eben nicht. Nach kurzer Zeit weißt du, worauf es ankommt, und kannst durch Übung stetig besser werden. Du hast die Kontrolle über das Ergebnis und kein anderer.

5. Erfolgserlebnis

Das beste Gefühl, das du haben kannst, ist die Freude nach unerwarteten Erfolgen. Es motiviert einen sehr, zu sehen, dass der eigene Einfluss einen Erfolg produziert hat. Genau darum geht es beim fünften und letzten Punkt. Versuche, so schnell es geht, so viele Erfolgserlebnisse wie möglich zu produzieren, und bevor du es merkst, wirst du süchtig danach, weiterzumachen. Jedes soziale Netzwerk oder moderne Videospiel macht sich dieses Prinzip zunutze. Alles, was mit Motivation zu tun hat, ist Dopamin-gesteuert. Dopamin ist immer dann am höchsten, wenn wir in Erwartung einer Belohnung sind. Wichtig ist die **Erwartung der Belohnung** und nicht die Belohnung selbst. Dieser feine Unterschied sorgt dafür, dass wir in sozialen Medien immer wieder zum nächsten Bild scrollen, in der Erwartung, es überrascht uns positiv. Dasselbe Phänomen motiviert uns, noch einmal am Automaten zu spielen, weil wir auf den Jackpot hoffen. Genauso verhält es sich auch mit all den Dingen, die wir Arbeit nennen. Achte also darauf, dass all deine Projekte und Aufgaben Erfolgserlebnisse oder Meilensteine haben, damit du dich freuen kannst, wenn du sie

erreichst. Warten in absehbarer Zeit keine Erfolgserlebnisse oder keine Meilensteine auf dich, dann ist es deine Aufgabe, dir deine eigenen Belohnungen zu schaffen. Von dir geschaffene Belohnungen wirken genauso wie Erfolge, die ohne dein Handeln erzielt werden. Überlege dir, was dich freuen würde, und kombiniere es mit deiner Arbeit. Du wirst sehen, wie viel motivierter und konzentrierter du an dem nächsten Meilenstein arbeitest.

Zusammengefasst kannst du deine eigene Leistungsfähigkeit deutlich steigern, wenn du im Flow bist. Dafür sind die genannten fünf Punkte extrem wichtig. Achte jedoch darauf, dass du von nun an nicht nur Aufgaben machst, die von Beginn an diese Punkte erfüllen. Es geht nicht darum, seinen Handlungsspielraum zu verkleinern, sondern darum, dass du auch bei deinen aktuellen Aufgaben Veränderungen vornimmst, die diese mit den fünf Punkten in Einklang bringen. So steigerst du deine Leistung bei bestehenden und auch bei neuen Dingen.

URLAUB UND ARBEIT

Wir haben bereits über Work-Life-Balance gesprochen, doch auf einen Punkt sind wir nicht eingegangen: was wir genau als Arbeit definieren. Wie immer habe ich über die Jahre alles Mögliche dazu gefunden und gelesen. Von der physikalischen Definition, Arbeit sei Kraft mal Weg, bis hin zu den unzähligen Definitionen, die du nach einer kurzen Suche findest. Alle diese Definitionen sind nicht falsch, aber sie helfen auch nicht. Schwieriger machen es Zitate wie:

> «Wähle einen Beruf, den Du liebst, und Du brauchst keinen Tag in Deinem Leben mehr zu arbeiten.»
>
> Konfuzius

Dieses Zitat lässt – wie viele andere Definitionen und Wahrnehmungen von Arbeit – die Grenze verschwinden und schafft so einen flüssigen Übergang zwischen dem, was wir Arbeit nennen, und dem, was wir eben nicht Arbeit nennen. So existieren nach dieser Definition Tätigkeiten, die für dich selbst keine Arbeit sind, weil sie innerhalb der eigenen Präferenz liegen, aber genauso gibt es Tätigkeiten, die du als Arbeit ansiehst. Den Unterschied bildet deine Präferenz.

Ich habe mich nach all dem entschieden, Arbeit anders zu definieren. Auch hier gilt, dass meine Definition und mein Verständnis von Arbeit nicht richtiger oder besser sind. Sie haben mir aber im Alltag besser als andere Definitionen dabei geholfen, eine bessere Version meiner selbst zu werden und mein Potenzial zu entfalten. Wie definiere ich also Arbeit? Damit du das verstehst, möchte ich dir zunächst erklären, welche Arten von Glück für mich existieren, denn Arbeit und Glück lassen sich nur schwer voneinander trennen. Wie auch Konfuzius gesagt hat, scheinen wir Arbeit negativ zu sehen und die Zeit, die wir nicht arbeiten, positiv.

- **Glück erster Ordnung**

Glück erster Ordnung ist für mich alles unmittelbare Glück, also jede Handlung, deren Belohnung unmittelbar folgt. Nehmen wir beispielsweise Essen. Mit jedem Biss verspüren wir die Befriedigung der leckeren Mahlzeit. Genauso verhält es sich mit vielen anderen Dingen wie sozialen Medien, Fernsehen, Freunde treffen, Sex haben, Trinken und vielem mehr. Also zusammengefasst sind es all die Dinge, die uns **Spaß machen, während wir sie ausführen.**

- **Glück zweiter Ordnung**

Glück zweiter Ordnung lässt länger auf sich warten. Wie la fragst du dich? Dies ist ganz unterschiedlich. Meistens ist da. Glück größer, je länger man darauf warten muss. Nehmen wir z. B. Krafttraining. Natürlich gibt es Menschen, die das Glück verspüren, während sie ihre letzte Kraft darauf verwenden, 150 kg aus dem Rücken zu heben, nur um dann die nächsten drei Tage nicht mehr laufen zu können. Doch die meisten von uns verspüren in dem Moment des Trainierens keinen Spaß. Warum trainieren wir dann? Wir trainieren für all die Vorteile, die in der Zukunft auf uns warten: für unseren sportlichen Körper, für die Gesundheit und natürlich auch für die Anerkennung anderer. All dies bekommen wir jedoch nicht in dem Moment, in dem wir trainieren, sondern erst im Nachhinein. Manches innerhalb von wenigen Minuten, anderes erst nach wenigen Monaten oder Jahren. Auch ein klassischer Job fällt unter diese Kategorie. Eine Studie der Avantgarde Experts[12] fand heraus, dass die Hälfte der durchschnittlichen jüngeren Angestellten und rund ein Drittel der älteren Angestellten gern ihren Job wechseln würden. Der häufigste Wechselgrund ist dabei das Gehalt, also auch hier ein Glück zweiter Ordnung, denn das Geld erhältst du erst am Ende des Monats. Würdest du wortwörtlich jeden Cent, den du verdienst, direkt auf den Tisch gelegt bekommen, könnte man von Glück erster Ordnung sprechen.

Wir sind also von beiden Arten von Glück umgeben, doch nur das Glück zweiter Ordnung ist echtes Glück. Stell dir vor, du kaufst einen Sportwagen. Studien aus den Jahren 1985 und 1999 fanden heraus, dass du dich schon nach kurzer Zeit an alle neuen Umstände gewöhnst und keine Freude mehr durch sie empfindest. Das heißt, du gewöhnst dich an den Sportwagen und diese neue Normalität bildet die Basis für zukünftiges Glück. Jedes normale Auto macht dich künftig unglücklicher, obwohl es vorher noch völlig in Ordnung war.

In gewisser Weise entspricht diese Definition von Glück sehr stark dem zweiten Quadranten der Eisenhower-Matrix. Entsprechend solltest du dieses Thema auch angehen. Schau in deinen Alltag, am besten am Ende des Tages, und frage dich, welche der Dinge, die du getan hast, für Glück erster und welche für Glück zweiter Ordnung gesorgt haben. Schnell kannst du ein Verhältnis ausmachen, wie du deine Zeit investierst. Betrachte dabei auch, wie du dich mit diesem Verhältnis fühlst. Hast du das Gefühl, zu viel zu arbeiten oder nicht produktiv genug zu sein? Dann ist es Zeit, dass du bewusste Anpassungen vornimmst. Es ist wichtig, dass du deine Routine findest. Ich habe gemerkt, dass ich zwei freie Tage in der Woche brauche, in dem Sinne, dass ich mich Dingen aus der ersten Ordnung widme – egal ob ich einem Hobby nachgehe oder meine Seele baumeln lasse. Hin und wieder verspüre ich den Drang, wieder produktiv zu sein. Dann gehe ich auch an meinen freien Tagen diesem Bedürfnis nach, jedoch lasse ich mir an diesen Tagen die freie Wahl. An den klassischen Werktagen der Woche versuche ich, meine festgelegten Ziele zu erreichen, ohne mich dabei viel ablenken zu lassen. Dieses Prinzip klingt sehr einfach, doch es ist die Grundlage, die wir verstehen müssen, damit wir in unserem Leben Balance halten. Durch das Bewusstsein für beide Ordnungen kannst du eine fehlende Balance erkennen und schnell ausgleichen, bevor diese zu einem chronischen Teil deines Alltags wird. Wie du am besten bei deiner Analyse vorgehen solltest, zeige ich dir jetzt.

Betrachte zunächst deine gesamte vergangene Woche und aktualisiere alle Termine, sodass du wirklich eine perfekte Kopie deiner Woche vorliegen hast. Jetzt teilst du alles, was du in dieser Woche getan hast, in drei Kategorien auf:

1. Dinge, die dich im Moment glücklich machen
Das sind all die Dinge aus der ersten Ordnung.

2. Dinge, die du für dein späteres Ich tust
Das sind all die Dinge der zweiten Ordnung.

3. Dinge, die du für dein späteres Ich tust, die dich jetzt auch glücklich machen

Das sind die besonderen Dinge. Es sind eigentlich Dinge der zweiten Ordnung wie z. B. Sport, gesunde Ernährung, Lernen, aber es kommt vor, dass uns diese Dinge, schon während wir sie tun, Spaß machen und uns nicht erst im Nachhinein ein gutes Gefühl geben. Diese Dinge zeigen dir, welche Vorlieben du hast und welche «Arbeit» für dich keine Arbeit im eigentlichen Sinn ist. Denk an das Zitat von Konfuzius zurück. Diese Dinge bringen dich zum tollen Glück zweiter Ordnung und schaffen, während du sie machst, Glück erster Ordnung. Merke dir diese Dinge und versuche, dir häufiger Zeit für sie zu nehmen. Es ist jedoch absolut wichtig, die Grenzen zu kennen. Auch wenn du etwas gefunden hast, was dich langfristig und nachhaltig voranbringt und dir dabei unglaublich viel Spaß macht, kann es sein, dass du andere Bereiche deines Lebens hängen lässt, wenn du dich zu sehr darauf fokussierst.

Du hast sicher schon einmal von Sherlock Holmes gehört, eines der vielen Bücher gelesen oder Serien oder Filme gesehen. Sherlock liebt es, Rätsel zu lösen, und zwar am liebsten solche Fälle, bei denen die Polizei nicht weiterkommt. Mit seinem scharfen Verstand löst er fast jeden Fall und bringt die Verbrecher hinter Gitter. Dabei hat er auch noch Spaß. Man kann sagen, Sherlock hat etwas gefunden, was ihm in dem Moment Freude bereitet, was aber auch langfristig und nachhaltig Glück produziert – in Form von mehr Sicherheit für die Stadt und Stolz, daran mitgewirkt zu haben. Sherlock ist aber wie besessen von seiner Leidenschaft. Vieles, was auf den ersten Blick banal erscheint, bleibt bei ihm auf der

Strecke: von zwischenmenschlichen Beziehungen bis hin zu der Art und Weise, wie Sherlock lebt. Ich erinnere mich an eine Filmszene, in der Sherlock von seinem Assistenten Watson darüber aufgeklärt wird, dass sich die Erde um die Sonne dreht. Sherlock scheint ein so essenzieller Fakt nicht zu interessieren und er meint, dass er nichts wissen müsse, was ihm nicht bei der Lösung eines Falls helfe. Diese Mentalität kannst du auf alles beziehen, was Sherlock macht. Er interessiert sich nur für seine Leidenschaft und sonst für nichts anderes. Das wird schnell ungesund, auch wenn es eine tolle Grundlage für Unterhaltung schafft. Wie immer ist es also die Balance, auf die du achten solltest. Der erste Schritt dazu ist das aktive Bewusstsein für alle Kleinigkeiten des Alltags.

POTENZIAL
Persönlichkeit

14. Selbstbewusstsein

«Nur der wird geliebt und geachtet, der sich selber liebt oder achtet.»

Paolo Coelho

Ein Kapitel zum Thema Selbstbewusstsein? Worauf möchte ich genau hinaus? Erst einmal darauf, dass wir den Begriff auf dieselbe Art und Weise verstehen. Die deutsche Sprache macht es uns da einfach. Viele Wörter sind Zusammensetzungen aus anderen Wörtern, sodass wir schnell verstehen können, was sie bedeuten: Die Fernbedienung bedient aus der Ferne. Das Wochenende ist am Ende der Woche. Ein Parkplatz ist ein Platz zum Parken. Doch beim Begriff Selbstbewusstsein ist es nicht ganz so einfach. Du kannst auf dieselbe Art und Weise das Wort als das Bewusstsein für dich selbst definieren, doch auch wenn diese Definition stimmt, wird sie dem Umfang des Begriffs nicht gerecht. Wir benutzen den Begriff «Selbstbewusstsein» teilweise zu inflationär, weshalb die Bedeutung sich schnell verschieben kann. Jemand, der laut und stark seine Meinung vertritt, wirkt selbstbewusst. Aber möglicherweise ist genau diese Person sich selbst und ihrer Fähigkeiten absolut nicht bewusst, sondern nutzt nur stilistische Mittel wie Lautstärke, um ihre Meinung besser durchzusetzen. Wir sagen dann häufig, eine Person sei selbstbewusst, obwohl wir keine Erkenntnis über den Stand des Selbstbewusstseins der Person haben. Wir wissen nicht, wie sehr diese Person sich ihrer selbst bewusst ist. Ein pubertierender Junge, der in der Schule widerwillig auf die Bitte der Lehrerin reagiert, ist nicht selbstbewusst, denn der Junge ist sich der Machtverteilung im Klassenzimmer und Schulsystem nicht bewusst, da er sonst nicht so reagieren würde. Wenn ich also von Selbstbewusstsein spreche, dann meine ich, dass du durch eine nie endende Suche dich selbst, deine Vorlieben und Fähigkeiten stets besser kennenlernst und somit ein besseres Bewusstsein deiner Existenz in deinem Umfeld entwickelst. Selbstbewusstsein in seiner reinen und perfekten Form ist die vollständige Erfassung von dir selbst und allem, was dich ausmacht, in Bezug zu deinem Umfeld.

Wie kommen wir nun zu diesem Punkt des Selbstbewusstseins? Grob gesagt unterscheiden wir uns alle voneinander in vier Bereichen:

- Jeder von uns hat eine innere Stimme, die mit uns spricht und individuell ist.

- Wir haben unterschiedliche Stärken und Schwächen.

- Jeder von uns hat eine andere Wahrnehmung.

- Wir haben unterschiedliche Wunschvorstellungen von unserem Leben und unserem idealen Selbst.

Jeder dieser Bereiche ist essenziell. Eine gute Selbstreflexion in diesen Bereichen macht ein gutes Selbstbewusstsein aus. Fangen wir mit der inneren Stimme an.

INNERE STIMME

Auch wenn du diesen Spruch schon etliche Male gehört hast: Die Person, mit der wir am meisten Zeit verbringen, sind wir selbst. Genauso sprechen wir auch am meisten mit uns selbst. Ich meine damit nicht, dass du verrückte Stimmen in deinem Kopf hörst, sondern dass unsere innere Stimme, unsere

POTENZIAL
Persönlichkeit

Gedanken und Vorstellungen den größten Teil all unserer Interaktionen ausmachen. Wir denken weitaus mehr, als wir sagen, und unsere innere Stimme spricht mehr mit uns als wir mit anderen. Genau deshalb ist es so wichtig, wie diese Stimme in unserem Kopf spricht. Hattest du schon einmal einen Tag, an dem du absolut unmotiviert warst und dich einfach nicht aus deinem Loch holen konntest? An solchen Tagen braucht es mehr als nur eine gute Nachricht. Es gibt aber auch umgekehrt Tage, an denen dir die Sonne aus dem Hintern strahlt. Du kannst jedes Problem lösen und nichts kann dich aus der Fassung bringen. Beides ist normal, denn wir sind emotionale Wesen. Doch worauf ich hinauswill, ist unsere innere Stimme an diesen beiden Tagen. An dem einen Tag sprechen wir mit uns selbst auf die positivste Art und an dem anderen Tag machen wir uns meistens selbst noch herunter – als würde unser Loch nicht ausreichen. Die Kunst ist nicht, immer gute Tage zu haben, sondern besteht darin, immer positiv mit sich selbst zu reden. Niemand spricht so hart mit uns wie wir selbst. Wir bestrafen uns am meisten und tadeln uns, wie es sonst noch niemand jemals getan hat – und das ohne Fluchtmöglichkeit in unserem Kopf. Um diesen Umstand anzugehen, sollten wir unsere innere Stimme trainieren, um mehr Motivation und Potenzial aus ihr schöpfen zu können. Angelehnt an die vier Versprechen aus dem gleichnamigen Buch von Miguel Ruiz[13], ist es wichtig, dass du drei Dinge nicht mehr tust:

1. Nimm nichts mehr persönlich.
Wenn du etwas persönlich nimmst, wertest du, und zwar meistens negativ. Stell dir vor, du bekommst ein Kompliment. Du freust dich, denn du hast wohl etwas gut gemacht. Wie ist es jedoch bei Kritik oder Feedback? Du erhältst einen Verbesserungsvorschlag. Wenn du ihn annimmst, kann er deine Ergebnisse in Zukunft verbessern. Doch wenn du dieses Feedback persönlich nimmst, baust

du eine emotionale Mauer, die zwischen dir und der Verbesserung steht. Versuche also, nichts mehr persönlich zu nehmen.

2. Tadel nicht mehr.

Andere zu tadeln, ist nicht gut, doch genauso sollten wir uns auch nicht selbst tadeln. Selbst wenn wir einen Fehler gemacht haben, ist es Vergangenheit, und sehr wahrscheinlich hatten wir zu dem Zeitpunkt unsere Gründe dafür. Ich meine damit nicht, dass du die Verantwortung für deine Taten abgeben sollst, doch es nützt nichts mehr, zu tadeln. Nach einer Lösung zu suchen oder aus diesem vergangenen Umstand zu lernen, ist schwieriger, wenn du damit beschäftigt bist, einen Verantwortlichen zu suchen und diesen zu tadeln. Wir verschwenden die wertvolle Zeit im Hier und Jetzt dafür, uns selbst kleinzumachen, statt daraus zu lernen. Nimm also die Dinge, wie sie sind, und lass die Wertung aus der Stimme, der inneren sowie der äußeren.

3. Zieh keine voreiligen Schlüsse.

Immer wenn wir schnell einen Schluss ziehen, nutzen wir nicht das volle Potenzial der Situation. Wenn ich daran zurückdenke, welche Entscheidungen ich in meinem Leben getroffen habe, denke ich mir jedes Mal, dass ich sie mit dem Wissen von heute anders getroffen hätte. Im Nachhinein weißt du einfach mehr, und mit mehr Informationen kannst du eben bessere Entscheidungen treffen. Gerade in Situationen, in denen man zunächst emotional reagiert, ist es am besten, keine voreiligen Entscheidungen zu treffen. Oftmals sieht man die ganze Situation sehr verzerrt. Zu unserer Wahrnehmung werde ich in diesem Kapitel noch kommen, aber bis dahin reicht es aus, den Einfluss unserer Emotionen auf unsere Entscheidungen zu verstehen. Immer wenn wir uns entscheiden, dann scheidet ein anderer Weg aus. Schließlich besteht das Wort «entscheiden» aus dem Wort «scheiden». Das heißt, dass wir uns einen Weg, eine Möglichkeit oder andere Optionen wegnehmen, sobald wir eine Entscheidung treffen. Dies hinauszuzögern und mit mehr Bedacht zu treffen, kann sehr wertvoll sein. Ich möchte dir das bildlich zeigen:

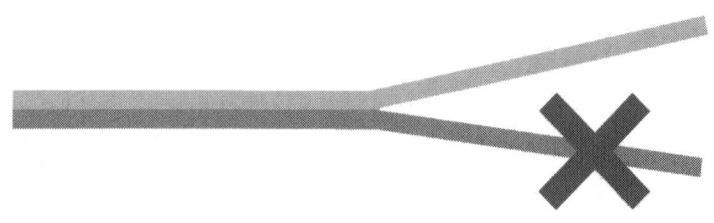

Eine frühe Entscheidung sorgt für den Verlust des zweiten Weges, doch zögern wir diese Entscheidung hinaus und treffen sie nicht voreilig, dann erhöhen wir die Chance, eine bessere Wahl zu treffen. Zudem erleiden wir durch das Warten auch meistens keinen Verlust, sondern erhalten im Gegenteil noch mehr Entscheidungsmöglichkeiten. Das soll nicht heißen, dass man immer langsam entscheiden und alles bis zum letzten Drücker hinauszögern soll. Es geht darum, den Schaden durch voreilige, oftmals emotionale Entscheidungen zu minimieren. Denk einmal an dein bisheriges Leben zurück. Dir werden etliche Momente einfallen, in denen du anders entschieden hättest. Bei mir fängt es in der Schule an über die Wahl der Fächer, die Wahl meiner Uni-Vorlesungen, meine Jobwahl bis hin zur Entscheidung, welchen Menschen ich noch eine Chance gebe, nachdem sie mich wieder und wieder getäuscht haben. All diese Dinge hätten mir Zeit, Energie und Nerven gespart, wenn ich nicht den Drang gehabt hätte, diese Entscheidungen schnell treffen zu müssen.

Also lass dich nicht von der gefühlten Deadline täuschen. Nimm dir in einem ruhigen Moment die Zeit, die du brauchst, um alle Fakten abzuwägen, und entscheide erst dann statt im Eifer des Gefechts.

STÄRKEN UND SCHWÄCHEN

Gerade Entscheidungen, die unsere Stärken und Schwächen betreffen, haben einen überproportionalen Einfluss auf unser Leben. Sicher hast du gemerkt, dass du einige Sachen im Vergleich zu anderen gut kannst und einige Sachen nicht. Es ist aber nicht so einfach, alles in einem IQ zu messen und zu sagen, dass Menschen mit einem hohen IQ alles toll machen und andere eben nicht. Viel praktischer fand ich die Arbeit von Howard Gardner zu den unterschiedlichen Intelligenzen eines Menschen[14]. Auch wenn diese Arbeit im Detail wissenschaftlich schwer zu belegen ist, gibt sie eine tolle Orientierung zur Selbsterkenntnis und letzten Endes zum Selbstbewusstsein.

Howard Gardner teilt Intelligenz in Bestandteile auf, sodass wir in einem Bereich intelligent sein können, aber in anderen Bereichen nicht unbedingt. Diese Liste wird gern erweitert. Heute haben wir elf Intelligenzen, die ich dir vorstellen will. Damit kannst du deine subjektiv wahrgenommenen Stärken und Schwächen einfacher bündeln, um diese so besser zu verstehen. Achtung: Diese Kategorien sind kein Naturgesetz! Auch wenn du glaubst, in einer Kategorie nicht gut zu sein, heißt es nicht, dass du das nicht noch lernen kannst. Außerdem ist es wichtig, deine Intelligenz einzuschätzen und nicht deine aktuellen Fähigkeiten. Wer beispielsweise sechs Sprachen spricht, glaubt vielleicht, er wäre sprachlich intelligent, und jemand, der nur eine spricht, eben nicht. Doch das ist falsch. Jemand, der sechs Sprachen spricht, kann trotzdem sprachlich unintelligent sein und sich diese Fähigkeiten durch Fleiß im Lauf der Zeit angeeignet haben. Genauso kann der Mensch, der nur eine Sprache spricht, sein Talent, neue Sprachen schnell zu lernen, noch nicht entdeckt haben. Es geht also um die Intelligenz in diesem Bereich und nicht um die Anzahl der Fähigkeiten, die man in den jeweiligen Kategorien besitzt. Bewerte dich gern selbst in jedem Bereich, sodass du am Ende einen Überblick über alle Bereiche hast. Die Intelligenzen lassen sich wie folgt beschreiben:

- ♫ **Musikalische Intelligenz:**
  Das Talent für Instrumente, Rhythmus und das Kreieren von Musik jeglicher Art

- 🪶 **Intelligenz in Bezug zur Natur:**
  Die Bindung zur Natur und das Verständnis für deren Bedürfnisse

- 🏃 **Intelligenz in Bezug zur Bewegung:**
  Ein besonderes Verständnis für den eigenen Körper und der Drang zur körperlichen Bestleistung

- 👥 **Interpersonelle Intelligenz:**
  Zwischenmenschliche Intelligenz, die häufig mit Empathie beschrieben wird

- 👤 **Intrapersonelle Intelligenz:**
  Nach innen gerichtetes Selbstbewusstsein und die Fähigkeit, sich selbst zu verstehen und einschätzen zu können

- ♟ **Logische Intelligenz:**
  Die Fähigkeit, logische Zusammenhänge schnell erfassen und in Bezug setzen zu können

- 🗣 **Sprachliche Intelligenz:**
  Die Fähigkeit, Sprachen schnell und einfach zu erlernen und sie besser nutzen zu können

- 💻 **Digitale Intelligenz:**
  Die Fähigkeit, mit Technik jeder Art das eigene Bewusstsein und die eigenen Fähigkeiten zu erweitern

- 👁 **Visuelle Intelligenz:**
  Ein Sinn für Design, Ästhetik und Nutzbarkeit von Dingen – von der Innenarchitektur bis zum industriellen Design

- 😊 🏫 **Lehrende Intelligenz:**
  Die Fähigkeit, komplexe Dinge einfach erklären zu können, und die Wahrnehmung des Verständnis anderer

- 🕉 **Spirituelle Intelligenz:**
  Die Fähigkeit, tiefgehende emotionale Erfahrungen zu kreieren und die Grenzen des eigenen Geistes zu erweitern

Es lohnt sich, auch Menschen in deinem nahen Umfeld zu fragen und diese um Ehrlichkeit zu bitten. Meistens hast du einen «blinden Fleck» für die eigenen Talente oder schätzt dich falsch ein. Je mehr Meinungen du dir einholst, desto besser. Deine Bewertung wird nicht perfekt sein, aber indem du dich damit beschäftigst, wirst du besser darin, dich und andere einzuordnen. Du sollst dich also nicht in eine Schublade einordnen, sondern dein Bewusstsein für alle Möglichkeiten öffnen.

POTENZIAL
Persönlichkeit

Weißt du nun, was du gut kannst und was nicht, dann kannst du auf dein aktuelles Leben schauen und prüfen, in welchen Bereichen du mit deinen Stärken arbeitest und in welchen genau dagegen. Oftmals spüren wir innerlich einen Widerstand bei vielem, was wir tun, und wissen nicht, woran es liegt. Die Antwort ist dann meistens, dass wir Dinge tun, die uns schwerer fallen als anderen Menschen, und wir dennoch versuchen, mitzuhalten und nicht aufzufallen. Als Fisch kannst du noch so sehr versuchen, einen Baum hochzuklettern, du wirst niemals so gut sein wie ein Affe. Wenn du aber weißt, was du gut kannst, dann kannst du deine Stärken nutzen, um dir die Zeit zu sparen, die du bei deinen Schwächen brauchst. Das Endergebnis zur maximalen Potenzialausschöpfung ist, deine Schwächen an Menschen abzugeben, die genau dort ihre Stärken haben. Dann erreichen wir nämlich als Gemeinschaft deutlich mehr als die Summe jedes Einzelnen.

Wie auch im Kapitel über die innere Stimme ist das ein weiteres Puzzleteil deines Selbstbewusstseins und hilft dir dabei, dich selbst noch besser zu verstehen.

DEIN ALLTAGSHELM – INDIVIDUELLE WAHRNEHMUNG

Stell dir vor, du hast einen großen und schweren Helm auf und gehst damit durchs Leben. Nicht nur, dass der ziemlich warm ist für den ein oder anderen Tag, noch viel schlimmer ist, wie sehr der Helm deine Sinne beeinträchtigt. Du kannst zwar ohne Probleme hindurchsehen, doch je nach Wetterlage siehst du mal schlechter und mal fast gar nichts. Das meiste hörst du klar und deutlich, doch der ein oder andere Ton kommt nur gedämpft durch den Helm. Manchmal hast du kleine Flecken auf dem Visier, dadurch siehst du alles verzerrt. Und manchmal ist dein Helm gefühlt so warm, dass du an nichts anderes mehr denken kannst als an die unaufhaltbare Hitze.

Das Coole an deinem Helm ist, dass es ein moderner Helm ist. Dein Visier ist auch gleichzeitig ein Bildschirm, auf dem du dir alles Mögliche darstellen lassen kannst und der dir im Alltag nützliche Informationen liefert. Das Problem bei der ganzen Technik ist die Anfälligkeit. Mal stürzt dein Visier ab und braucht einen Neustart, mal zeigt es dir absoluten Quatsch an und mal verzerrt es deine Sicht auf alles. Du bist gerade dabei, dich zu konzentrieren, und dein Helm zeigt dir Bilder von vor zehn Jahren an, obwohl du nicht darum gebeten hast. Du willst gut in die neue Woche starten, doch dein Helm hat sich überlegt, einen Instagram-Filter auf jeden Menschen zu setzen, den du siehst. Das lässt alle in deinem Umfeld unfassbar muskulös aussehen. Abgelenkt von den ganzen perfekten Körpern bist du nun eher damit beschäftigt, dich wegen deines Körpers schlecht zu fühlen, als wirklich toll in die Woche zu starten. Dein Chef fragt dich nach einem aktuellen Projekt – und ausgerechnet jetzt, da du deinen Helm am meisten brauchst, lädt er einfach nicht die passenden Informationen und lässt dich im Stich. Du bekommst nur «Ähhhm» und «Ahhh» heraus, sodass dein Chef denkt, dass du nichts gemacht hast.

Das mag zwar ein Vergleich sein, der etwas überzogen erscheint, doch im Alltag ist es sehr häufig so, als würden wir genau solch einen Helm tragen. Unsere Wahrnehmung ist nicht nur individuell, sondern wir verarbeiten auch noch alles gemäß unseren individuellen Erfahrungen und Emotionen. Das sorgt dafür, dass die eigentliche Welt außerhalb des Helms eine ganz andere ist als die, die wir durch den Helm wahrnehmen. Wie ein Filter, der sich ständig ändert, gehen erst alle Informationen durch den Helm, bevor sie unser

POTENZIAL
Persönlichkeit

Gehirn erreichen und dort aufgenommen werden können. Wir wissen, dass jeder von uns Farben anders wahrnimmt, auch wenn wir dieselben Bezeichnungen gewählt haben. Genauso hören wir anders, sehen unterschiedlich hell und scharf und schmecken auch anders. Unser Körper reagiert anders und auch anders intensiv auf Impulse der Umwelt, sodass wir im Vergleich zu anderen manchmal überreagieren und manchmal fast gar nicht. Wie sollst du da deinen eigenen Augen trauen? Wir können es nicht, deshalb müssen wir lernen, damit entsprechend umzugehen. Es ist essenziell, zu verstehen, dass es unendliche Perspektiven auf jede einzelne Situation gibt und mit jeder Perspektive auch eine neue Wahrnehmung der Situation entsteht. Es gibt damit kein Richtig oder Falsch, sondern nur eine weitere Richtung, aus der du die Dinge sehen kannst. Wenn du erst einmal verinnerlichst, dass es so ist, dann kannst du damit beginnen, besser mit allem umzugehen. Wir sind oftmals sauer auf andere, auch wenn sie nur durch unseren Helm etwas falsch gemacht haben. Von oben betrachtet haben wir genauso Schuld daran, was passiert ist. Wir sind manchmal ohne jeden Grund froh, aber auch traurig, und das nur, weil es durch unseren Helm so wirkt. Die Lösung ist nicht, alle Wahrnehmungen für falsch zu halten, sondern zu lernen, die Dinge nicht immer so ernst zu nehmen, wie sie scheinen, und zu verstehen, dass die eigene Perspektive verzerrt sein kann. Würden wir das schaffen, dann gäbe es weniger Kriege, Streitigkeiten und Auseinandersetzungen jeder Art. Denk also immer daran: Du hast einen Helm auf und jeder andere auch. Das liefert auch die perfekte Grundlage für den nächsten Punkt.

INTERNALITÄT ALS QUELLE VON WACHSTUM

Ich bin diesem Begriff vor einigen Jahren begegnet und wusste nicht, was er bedeutet. Am besten lässt er sich mit der internalen oder externalen Kontrollüberzeugung erklären: Wenn du glaubst, dass du eine internale Kontrollüberzeugung hast, dann glaubst du, dass positive und auch negative Ereignisse das Ergebnis deines Handelns sind, du also Kontrolle und Einfluss hast. Glaubst du jedoch an die externale Kontrollüberzeugung, dann denkst du, dass du keinen Einfluss hast und die Ereignisse keinen Ursprung oder Zusammenhang mit deinem Handeln haben. Wie du denkst, ist dabei nicht festgeschrieben, sondern kann geübt und angepasst werden. Ich möchte dich motivieren, eine internale Kontrollüberzeugung anzunehmen. Aber warum? Menschen, die glauben, sie haben Einfluss und ihre Handlungen sind von Bedeutung, sind eher motiviert, sich zu verbessern, dazuzulernen und Verantwortung zu übernehmen. Stell dir vor, jeder Mensch würde glauben, dass er keine Kontrolle hat und keinen Einfluss auf die Geschehnisse nehmen kann. Probleme wie die Erderwärmung könnten wir mit dieser Denkweise nicht mehr in den Griff kriegen. Auch die Beziehung zu so einer Person ist schwierig, da du glaubst, nicht die Chance zu haben, mit ihr zusammen zu wachsen. Man könnte sagen, dass ein ständiger Abrieb stattfindet, bei dem jeder versucht, den anderen von seiner Art zu überzeugen. Diskussionen führen zu keinem Ziel. Stattdessen sind sie eine ewige Wiederholung von bereits bekannten Verhaltensmustern. Solche Menschen benutzen häufig die Formulierung: «So bin ich halt.» Wir alle haben Verhaltensmuster, doch die Kunst liegt darin, anpassbar zu bleiben und zu verstehen, dass man alles verändern kann und man selbst die Kontrolle hat. Du sollst nicht bei jeder kleinen Sache denken, dass du schuld bist, jedoch kannst du alles als eine Chance sehen, besser zu werden. Sich seiner Kontrolle bewusst zu sein und

POTENZIAL
Persönlichkeit

diese verbessern zu wollen, kann einen sehr positiven Einfluss auf dein Leben haben.

Um diese Denkweise zu trainieren, stellst du dir bei den negativen Dingen, die dir passieren, eine Frage. Jedem ist schon mal etwas Doofes passiert, jeder hat Dinge, die er mag oder nicht. Stell dir vor, du magst keinen Wein. Wie reagierst du, wenn dir eine Flasche Wein geschenkt wird? Zeigst du dich trotzdem dankbar und siehst es als nette Geste? Überlegst du, wie du der Person mitteilen kannst, dass du eigentlich keinen Wein magst, sodass du in Zukunft in solchen Situationen etwas anderes bekommst – und schätzt du das Geschenk trotzdem, weil es zeigt, dass dieser Mensch sich Gedanken gemacht hat? So reagieren wir sehr häufig bei Geschenken, die wir nicht mögen. Daher kannst du dir bei jeder negativen Situation die Frage stellen: «Was wäre, wenn das ein Geschenk wäre?» Du hast einen Strafzettel fürs Falschparken bekommen? Wäre es ein Geschenk, dann würdest du dich freuen, dass du noch so gut weggekommen bist. Etwas länger und sie hätten deinen Wagen abgeschleppt, was angesichts deiner Termine eine Katastrophe bedeutet hätte. Super also, dass du diese Lektion mit so milden Konsequenzen lernen konntest. Die Lebenshaltungskosten steigen? Dann kannst du diese Gelegenheit nutzen und endlich deine Finanzen tracken, was du eigentlich schon seit Jahren machen wolltest. Deine Bahn ist ausgefallen? Dann nutze die Chance, um ein tolles Buch zu lesen oder zu hören, denn zu spät kommst du sowieso.

Es ist sehr einfach, mit dieser Frage aus jeder auf den ersten Blick negativen Situation eine Situation zu schaffen, in der du etwas dazulernst oder eine verborgene Chance nutzt. Also, egal was passiert, versuch, dir die folgende Frage zu stellen:

Was wäre, wenn es ein Geschenk wäre?

POTENZIAL
Persönlichkeit

DIE KÖNIGE DER ERFÜLLUNG

Kommen wir zum letzten Punkt des Selbstbewusstseins: die Art und Weise deiner Form von Erfüllung im Leben.

Hast du schon einmal durch Social Media gescrollt, dabei einen Influencer gesehen und dir gedacht: «So ein Leben hätte ich auch gern?» Was war das für ein Leben? War es das perfekte Junggesellendasein, voller Feiern, Urlaube, Spaß und Exzess? Oder war es eher das perfekte Familienleben, in dem Mutter, Vater, Kind oder jede moderne Konstellation in Harmonie ein nahezu perfektes Leben führen? Egal welches Leben du gesehen hast, als du darüber nachgedacht hast, alle haben ihre Vor- und Nachteile. Wir suchen gern nach dem Sinn des Lebens und hoffen, damit ein erfülltes und glückliches Leben zu führen. Doch die Wahrheit ist, dass es nicht den einen Sinn gibt oder nur einen Weg, der uns das ermöglichen könnte. Es gibt viele Wege – jeder befriedigt uns auf eine andere Art und Weise und kann uns somit im richtigen Maße erfüllen. Warum also die Könige der Erfüllung? Weil wir in unseren Köpfen mehrere Könige haben, die gleichzeitig regieren und nach Macht streben. Jeder von ihnen will die komplette Kontrolle haben und dein Leben so bauen, wie es ihm selbst am meisten nützt. Doch keiner der Könige kann allein die anderen abschaffen. Die Könige brauchen dazu deine Hilfe. Deshalb reden sie tagein, tagaus auf dich ein und versuchen, dich zu überzeugen, dass ihr Weg der beste ist und du aus diesem Grund nicht mehr auf die anderen Könige hören sollst. Wer sind diese Könige nun?

- ☆ **Der berühmte König**
  Der berühmte König strebt bei seinem Tun und Handeln nach Ruhm und Anerkennung. Er will, dass ihn alle kennen und alle lieben. Er liebt es, im Zentrum der Aufmerksamkeit zu stehen, und nutzt somit jede Gelegenheit zur Selbstdarstellung. Egal ob Social Media oder im realen

Alltag – er zeigt, was er hat. Wenn es nach ihm ginge, dann gäbe es keine Zeit für die anderen Könige, denn wir müssen an unseren Followern und unserer Berühmtheit arbeiten.

- 👧 **Die soziale Königin**
  Die soziale Königin hat ein Ziel – es ist kein kleines: die Welt zu einem besseren Ort für alle zu machen. Ihre Motivation, allen zu helfen und alles zu verbessern, treibt sie Tag für Tag an. Müdigkeit kennt sie nicht, auch bei Gegenwind bleibt sie ihrem Vorhaben treu. Denn sie ist moralisch motiviert, jedes Leiden zu verhindern. Die soziale Königin denkt an unsere Umwelt, an die Menschheit und alles, was noch verbesserungswürdig ist. Wenn es nach ihr ginge, sollten wir unser Tun und Handeln stets danach richten, was wir für andere machen können.

- 🖐 **Der freie König**
  Der freie König liebt es, ungebunden zu sein. Am liebsten reist er durch die Welt, erkundet Kulturen und exotische Orte, während er mit so wenig Verpflichtungen wie möglich den schönen Dingen des Lebens nachgeht. Der freie König ist ein Freund spiritueller Erfahrungen und setzt viel auf die Erweiterung des Geistes. Seine Sinnlichkeit ist ihm sehr wichtig. Er ist stets motiviert, diese durch neue Erfahrungen zu erweitern. Der freie König genießt jeden Moment und lässt nicht zu, dass die Verpflichtungen des Alltags ihm im Weg stehen. Ungebunden geht er durchs Leben und sucht nach der einen Erfahrung.

- 💰 **Der reiche König**
  Der reiche König hat das meiste Geld von den Königen, denn er tut alles, um seinen Reichtum zu vermehren. Als geschickter Unternehmer und Workaholic hat er in

seinen jungen Jahren alles getan, um der Reichste und Mächtigste zu werden. Sein Handeln ist stets auf Macht und Geld ausgerichtet. Auch wenn das zunächst negativ klingt, so weiß er, dass Geld nur eine Einheit für Wertschöpfung ist. Er hat also viel mehr an die Gesellschaft zurückgegeben, als er jemals ausgeben kann, weshalb es von der modernen Wirtschaft so gewollt ist, dass er reich ist.

- 💚 **Die liebe Königin**
  Die liebe Königin ist für alle Menschen in ihrem Umfeld die Person, auf die sie sich verlassen können. Sie versteht sich mit der sozialen Königin gut, jedoch versteht sie nicht, warum sie immer Konflikte eingehen muss, um unsere Welt zu verbessern. Wir können doch einfach alle Freunde sein. Sie liebt ihre Familie und geht darin auf, für jeden Menschen, den sie kennt, eine tolle Hilfe zu sein. Ihre Kinder lieben sie und auch ihr Mann kann sich keine bessere Frau wünschen. Was gibt es Schöneres, als tolle Menschen um sich herum zu haben und eine perfekte Familie zu gründen, um die du dich sorgst?

Jetzt kennst du alle Könige. Doch wie kommen sie an die Macht? Sie dürfen immer dann regieren, wenn du sie lässt. Das heißt, es liegt voll und ganz an dir, wann sie wie viel Macht besitzen. Wenn du dich gegen eine Blutspende und für die Party am Freitag entscheidest, dann ist es eine Entscheidung gegen die soziale Königin und für den berühmten König. Das ist normal, solange alle Könige ihre Rolle haben und regelmäßig zum Zug kommen. Immer wenn längere Zeit nur ein König regiert, kommen die anderen zusammen und lehnen sich gegen diesen einen auf. Dieser wird gestürzt und erst einmal für eine Zeit verbannt. Die Folgen davon wirst du meistens sehr hart spüren. Du hast dich z. B. viele Jahre lang nur auf deine Arbeit, deine Karriere und dein Geld fokussiert.

Natürlich ist deine Frau enttäuscht und möchte die Scheidung. Sie hat das Gefühl, keinen Platz in deinem Leben zu haben, doch sie möchte eine Priorität für dich sein, statt nur in einer Nebenrolle zu versauern. Das ist ein Beispiel dafür, dass ein König über einen längeren Zeitraum regiert, ohne die anderen Könige und deren Bedürfnisse zu betrachten. Genauso kannst du das mit jedem anderen König feststellen, sodass es dazu sogar ganze Filme gibt.

Hast du den Film «Das erstaunliche Leben des Walter Mitty» gesehen? Hier geht es darum, dass der Hauptcharakter sein ganzes Leben lang den freien König ignoriert hat, statt diesem auch mal die Chance zu geben, die Freuden des Lebens zu entdecken und dem Alltag zu entfliehen. Wie du siehst, gibt es viele Beispiele für jeden einzelnen König. Genauso sind es unsere Entscheidungen im Alltag, welche die jeweiligen Könige regieren lassen. Umso wichtiger ist es aufgrund dieser Erkenntnis, stets darauf zu achten, dass du diese Entscheidungen bewusst triffst und nicht im Nachhinein davon überrascht wirst, dass die anderen Könige erzürnt sind.

Erfüllung findest du kurzfristig mit jedem König, aber genauso langfristig mit der Balance aller Könige. Dein Ziel sollte es hier sein, durch mehr Bewusstsein für dein Inneres dein Leben dahin zu lenken, wo du es gern hättest, statt bloß Zuschauer in deinem eigenen Leben zu sein. Möchtest du dich die nächsten Jahre auf deine Karriere fokussieren, weil du jung bist und noch alle Chancen vor dir hast? Dann los! Ist es dann für dich wichtig, eine Familie zu gründen und Zeit für sie zu haben? Perfekt, dann mach das, aber bewusst. Unbewusst passiert es nämlich schnell, dass du es genau andersherum machst: In der Zeit, in der dir die Welt offenstand, um Karriere zu machen, hast du immer nur den Moment genossen. Und jetzt, da der optimale Zeitpunkt für eine Familie gekommen ist, fehlen dir die finanziellen Mittel und die Flexibilität im Be-

POTENZIAL
Persönlichkeit

ruf, für deine Familie so da zu sein, wie du es gern willst. Dies auszugleichen, kostet Jahre, in denen du vielleicht ein Studium absolvierst, während du gleichzeitig arbeiten musst, um Jahre später da zu sein, wo du eigentlich früher sein wolltest: in einem stabilen Beruf mit einem tollen Gehalt und genug Flexibilität für die Familie. Der Unterschied ist nur, dass du jetzt 40 bist und nicht mehr Anfang 30. Beides kann hingegen ein erfülltes Leben sein. Ich möchte dich nur dafür sensibilisieren, früher die Entscheidungen zu treffen, die dir wichtig sind, statt erst im Nachhinein. Wenn du diese Entscheidungen im Vorhinein genauso treffen wolltest, dann ist das toll – wenn nicht, kannst du dir in Zukunft viel Lebenszeit sparen, indem du heute schon die richtigen Könige regieren lässt.

POTENZIAL
Persönlichkeit

15. Abschluss

Auch wenn dies das letzte Kapitel dieses Buches ist, ist es gerade erst der Anfang deiner Reise. Als ich mich als Kind und junger Erwachsener vehement gegen jedes Buch gewehrt habe, hätte ich niemals gedacht, dass ich einmal zu einem Leser werden würde, geschweige denn zum Autor. Der Grund, weshalb sich dies geändert hat, ist sehr einfach: Ich habe erkannt, welches unerschöpfliche Potenzial in jedem von uns steckt, wenn wir bereit sind, es zu entfalten. Dieses Buch heißt «Potenzial Persönlichkeit», weil es genau der Schlüssel sein soll, den du brauchst, um dein Potenzial zu entfalten. Die eine Sache, die sozusagen gefehlt hat, damit du deine Reise zur besten Version deiner selbst beginnen kannst. Heute ist es für mich unmöglich, mir mein Leben ohne das Wissen aus all diesen Büchern vorzustellen, und genauso wird es dir auch ergehen, wenn es dir nicht schon jetzt so geht. Wie ein Blinder, der wieder sehen und sich die Welt nicht mehr ohne Farben vorstellen kann, so kannst du dir nicht mehr die Welt ohne deine neuen Fähigkeiten vorstellen. Für mich war es stets das Schönste, eine neue Erkenntnis zu haben, bei der ich das Gefühl hatte, ich muss in die Vergangenheit zurück und es einer jüngeren Version von mir selbst erzählen, damit ich noch länger von diesem Wissen profitieren kann. Natürlich dachte ich mir dabei auch sehr oft: «Hätte ich das doch nur vorher gewusst», doch wir können nun mal die Zeit nicht zurückdrehen. Wir leben unser Leben nur in eine Richtung und sollten daher alles daransetzen, die Zukunft zu verbessern – und damit bei uns selbst anfangen. Gerade in der aktuellen Zeit voller Pandemien, Krisen, Kriege und Regierungen, die nicht mehr das tun, was sie sollen, ist es umso wichtiger, dass jeder Einzelne darauf bedacht ist, stetig zu wachsen und besser zu werden.

«Erfolg ist, wenn Vorbereitung auf eine Chance trifft.»

Unbekannt

Aus diesem Grund solltest du dafür sorgen, dass du vorbereitet bist. In einer so wechselhaften Zeit wie der aktuellen gibt es enorm viele Risiken, aber damit auch enorm viele Chancen. Ob du sie nutzen kannst, hängt davon ab, ob du vorbereitet bist.

Wie geht es nun für dich weiter? Da es mein erstes Buch ist, kann ich dich nicht zu einem der anderen Bücher von mir verweisen, die dieses fortsetzen. Aber ich kann dir die Tipps mit auf den Weg geben, die essenziell sind, um alles Gelernte anzuwenden. Also folgt nun die letzte Checkliste dieses Buches:

1. Am schnellsten lernst du durch Wiederholung
Wenn du so schnell wie möglich die Methoden aus diesem Buch lernen willst, dann kommst du nicht darum herum, diese zu wiederholen. Es ist egal, wie lange du schon etwas machst, für unser Gehirn ist nur wichtig, wie oft du etwas wiederholst; das heißt also: üben, üben, üben. Wende so häufig, wie du kannst, die Methoden aus diesem Buch an und nutze dafür alle Checklisten, die ich dir zur Verfügung gestellt habe, solange du diese noch nicht auswendig kannst.

2. Ein Schritt nach dem anderen
Überfordere dich nicht. Lerne lieber jede Technik einzeln und nacheinander, als dass du dich übernimmst und keine richtig lernst. Auch wenn ich versucht habe, die Reihenfolge in diesem Buch so zu wählen, dass du die Techniken am besten lernen kannst, so ist jeder von uns individuell.

Du wirst feststellen, dass eine andere Reihenfolge für dich sinnvoller sein könnte. Wichtig ist dabei, dass du immer nur den nächsten Schritt machst und keinen überspringst. Ich selbst habe mir all das in vielen Jahren angeeignet und nicht innerhalb eines Tages. Lass dir also Zeit und gehe es so ruhig an, wie du es brauchst. Egal wie du es machst, du wirst schneller sein als ich, denn ich musste mir erst alles zusammensuchen.

> «Man kann ein Haus zwar schnell bauen, aber du kannst keine Ziegelreihen auslassen.»
>
> Arman Samary

3. Es ist okay, langsam zu sein, aber gehe niemals rückwärts

Wenn du einmal das Gefühl hast, überfordert zu sein, dann ist das vollkommen okay. Mach einfach langsamer oder sogar eine Pause, aber lass deine bestehenden Gewohnheiten niemals fallen. Sie sind das Wertvollste, was du hast, und so solltest du sie auch behandeln und beschützen. Eine Gewohnheit kannst du mal mehr und mal weniger pflegen, aber eine zerstörte Gewohnheit wiederaufzubauen, ist noch schwerer, als sie dir neu anzueignen. Stell dir vor, du hast ein Haus. Es ist okay, wenn du mal mehr, mal weniger am Haus arbeitest, aber ist es kaputt, wird es wesentlich anstrengender für dich, jede einzelne kaputte Stelle zu reparieren, als es abzureißen und neu aufzubauen. Das heißt, dass du niemals deine Gewohnheiten, die du dir hart erarbeitet und aufgebaut hast, aufgeben solltest. Wenn du feststellst, dass die Gewohnheiten zu viel sind, dann gestalte sie kleiner und reduziere sie auf ein Minimum, aber hör niemals auf. Schreibst du

z. B. jeden Tag ein Journal, dann ist es vollkommen okay, sich im Urlaub auf das Essenzielle zu beschränken. Aber wenn du ganz aufhörst, dann ist es ein Riesenaufwand, wieder neu anzufangen. Du wirst dir im Nachhinein immer selbst dafür danken, nicht aufgehört zu haben. Pflege also deine Werkzeuge, denn du weißt nie, wann du sie wieder brauchen wirst.

4. Teile dein Wissen, sooft du kannst

Das ist keine Erlaubnis, ein Klugscheißer zu werden, sondern ein Impuls, anderen zu helfen, wenn du siehst, dass du es kannst. Wenn du nach diesem Buch das Gefühl hast, du kannst Dinge bei dir verbessern, dann fällt dir bestimmt auch jemand ein, dem es genauso geht. Teile dein Wissen und du wirst feststellen, dass du exponentielle Synergieeffekte in deinem Umfeld schaffst. Über die Jahre habe ich allen Menschen in meinem Umfeld stets von den Erkenntnissen aus den Büchern, die ich gelesen habe, berichtet und so vielen helfen können. Ich habe meinen Freunden meine Accounts gegeben, damit sie Bücher aus meiner Hörbuchbibliothek hören konnten. Ich habe ihnen Bücher geschenkt und meine eigene Buchsammlung wie eine Bibliothek geführt, sodass jeder jedes Buch mitnehmen und es nach dem Lesen wieder zurückbringen konnte. Ich habe sogar Bücher als Geschenk einfach zu Leuten liefern lassen, wenn ich das Gefühl hatte, es könnte ihnen helfen. Ich wünsche mir von dir dasselbe. Du sollst jetzt nicht der Weihnachtsmann der Bücher werden, sondern einfach dein Wissen mit den Menschen teilen, die dir wichtig sind, damit wir alle gemeinsam besser werden können. Es ist ein sehr schönes Gefühl, wenn jemand an dich denkt und vor allem wenn ein Mensch so an dich denkt, dass er hilfreiches Wissen für deine individuellen Probleme mit dir teilt.

Das war «Potenzial Persönlichkeit». Danke, dass du dir die Zeit genommen hast. Ich wünsche dir viel Erfolg auf deinem Weg und kann dir nur noch eines mitgeben: Egal was du machst, es muss für dich und für niemand anderen funktionieren. Sei nicht traurig oder enttäuscht, wenn du mal eine Gewohnheit wieder fallen gelassen hast, denn es geht nicht darum, alles perfekt zu können, sondern die Dinge für dich perfekt zu können. Sei offen dafür, alles so anzupassen, dass es für dich passt, und verliere niemals deine Neugier und den Mut, Dinge zu verändern.

POTENZIAL
Persönlichkeit

Über den Autor

Motiviert, seinen Platz in der Welt zu finden, machte sich Arman Samary so früh er konnte selbstständig und fand so nicht nur die Herausforderung seines Lebens, sondern auch seine Leidenschaft: die Persönlichkeitsentwicklung und die Fähigkeit, sein eigenes Potenzial zu entfalten. Durch die Chance und auch Herausforderung, von Beginn an sein eigener Boss zu sein, lernte er schnell, sein eigenes Potenzial so zu entfalten, dass er in ganz unterschiedlichen Branchen Fuß fassen konnte. Dies sorgte zusammen mit seiner Leidenschaft für die Lehre dafür, dass er schnell vielen Menschen dabei half, auch ihre persönlichen und beruflichen Hindernisse bestmöglich zu bewältigen. Als Unternehmer, Coach und Speaker hilft er Menschen dabei, ihre Stärken zu finden und diese auch bestmöglich zu entfalten, ganz unabhängig davon, in welchem Bereich sie besser werden wollen.

Endnoten

[1] **Clear, James (2018): Die 1%-Methode** – Minimale Veränderung, maximale Wirkung, 1. Auflage, Goldmann, München

[2] **Oscar Karem Video-Reihe**, https://www.youtube.com/@oscar_karem/videos, 21.12.22

[3] **Kahneman, Daniel (2016): Schnelles Denken, langsames Denken**, 1. Auflage, Penguin, München

[4] **Knapp, Jake / Zeratsky, John (2018): Make Time** – How to focus on what matters every day, 1. Auflage, Transworld Publ. Ltd UK, London

[5] **Constructing Rich False Memories of Committing Crime**, https://journals.sagepub.com/doi/abs/10.1177/0956797614562862, 21.12.22

[6] **Carnegie, Dale (2013): Wie man Freunde gewinnt**, 6. Auflage, Fischer Taschenbuch, Frankfurt am Main

[7] **Mikroexpressionen**, https://de.wikipedia.org/wiki/Mikroexpression, 21.01.23

[8] **Meditation leads to reduced default mode network activity beyond an active task**, https://www.ncbi.nlm.nih.gov/pmc/articles/PMC4529365/, 21.12.22

[9] **Nguyen, Joseph (2022): Don't Believe Everything You Think**, 1. Auflage, Ingram Publisher Services, La Vergne

[10] **Holiday, Ryan (2021): In der Stille liegt dein Weg**, 1. Auflage, FinanzBuch, München

[11] **Brighton Medical School (2016): Why I tense up when you watch me:** Inferior parietal cortex mediates an audience's influence on motor performance, Brighton

[12] **Avantgarde Experts (2022): Arbeitszufriedenheitsstudie**, München

[13] **Don Miguel Ruiz (2022): Die vier Versprechen** – Ein Weg zur Freiheit und Würde, 1. Auflage, Ullstein Taschenbuch, Berlin

[14] **Gardner, Howard (2006): Multiple Intelligences** – New Horizons, 1. Auflage, Ingram Publisher Services, La Vergne

Quellen

BÜCHER

Allen, David (2019): Getting Things Done – The Art of Stress-free Productivity, 1. Auflage, Little, Brown Book Group, Boston

Coelho, Paulo (2008): Der Alchemist, 23. Auflage, Diogenes, Zürich

Covey, Stephen R. (2018): Die sieben Wege zur Effektivität, 58. Auflage, Gabal, Offenbach

Covey, Stephen R. (2016): Die 12 Gründe des Gelingens – oder das Geheimnis wahrer Größe, 1. Auflage, Gabal, Offenbach

Csíkszentmihályi, Mihaly (2022): Flow – The Psychology of Happiness, 1. Auflage, Random House UK, London

Dalio, Ray (2019): Die Prinzipien des Erfolgs, 1. Auflage, FinanzBuch, München

Ferriss, Timothy (2015): Die 4-Stunden-Woche – Mehr Zeit, mehr Geld, mehr Leben, 9. Auflage, Ullstein Taschenbuch, Berlin

Forte, Tiago (2022): Building a Second Brain – A Proven Method to Organize Your Digital Life and Unlock Your Creative Potential, 1. Auflage, Profile Books, London

Godin, Seth (2007): The Dip – A Little Book That Teaches You When to Quit (And When to Stick), 1. Auflage, Penguin Group, New York

Greene, Robert (2004): The Art of Seduction, 1. Auflage, Profile Books, London

Greene, Robert (2013): Power – Die 48 Gesetze der Macht, 1. Auflage, Carl Hanser, München

Greene, Robert (2015): Die 33 Gesetze der Strategie, 1. Auflage, Carl Hanser, München

Greene, Robert (2019): **Die Gesetze der menschlichen Natur** – Mit einzigartigen Strategien, wie Sie menschliches Denken und Handeln entschlüsseln, 1. Auflage, FinanzBuch, München

Heath, Chip / Heath, Dan (2010): **Made to Stick** – Why Some Ideas Survive and Others Die, 1. Auflage, Random House LCC US, New York

Hill, Napoleon (2018): **Think and Grow Rich**, 1. Auflage, FinanzBuch, München

Holiday, Ryan (2017): **Das Hindernis ist der Weg** – Mit der Philosophie der Stoiker zum Triumph, 1. Auflage, Herder, Freiburg

Holiday, Ryan (2017): **Dein Ego ist dein Feind** – So besiegst du deinen größten Gegner, 1. Auflage, FinanzBuch, München

Holiday, Ryan (2017): **Der tägliche Stoiker** – 366 nachdenkliche Betrachtungen über Weisheit, Beharrlichkeit und Lebensstil, 6. Auflage, FinanzBuch, München

Keller, Gary / Papasan, Jay (2017): **The One Thing** – Die überraschend einfache Wahrheit über außergewöhnlichen Erfolg, 1. Auflage, Redline, München

Kiyosaki, Robert (2011): **Cashflow Quadrant: Rich Dad Poor Dad**, 1. Auflage, Ingram Publisher Services, La Vergne

Kiyosaki, Robert (2014): **Rich Dad Poor Dad** – Was die Reichen ihren Kindern über Geld beibringen, 12. Auflage, FinanzBuch, München

Kiyosaki, Robert (2015): **Rich Dad's Investmentguide** – Wo und wie die Reichen wirklich investieren, 6. Auflage, FinanzBuch, München

Moran, Ryan Daniel (2020): **12 Months to $1 Million**, 1. Auflage, Ingram Publisher Services, La Vergne

Nasher, Jack (2015): **Deal! Du gibst mir, was ich will!**, 1. Auflage, Goldmann, München

Nasher, Jack (2019): **Entlarvt!** Wie Sie in jedem Gespräch an die ganze Wahrheit kommen, 1. Auflage, Goldmann, München

Nasher, Jack (2019): **Überzeugt!** Wie Sie Kompetenz zeigen und Menschen für sich gewinnen, 1. Auflage, Goldmann, München

Navarro, Joe (2010): **Menschen lesen** – Ein FBI-Agent erklärt, wie man Körpersprache entschlüsselt, 25. Auflage, mvg, München

Navarro, Joe (2013): **Der kleine Lügendetektor,** 5. Auflage, mvg, München

Navarro, Joe (2015): **Die Körpersprache des Datings** – Der FBI-Agent erklärt, wie Sie Zuneigung erkennen und beeinflussen, 5. Auflage, mvg, München

Peterson, Jordan (2019): **12 Rules for Life** – Ordnung und Struktur in einer chaotischen Welt, 1. Auflage, Goldmann, München

Pressfield, Steven (2021): **The War of Art** – So durchbrechen Sie innere Blockaden und gewinnen kreative Energie, 2. Auflage, Autorenhaus, Berlin

Ries, Eric (2014): **Lean Startup** – Schnell, risikolos und erfolgreich Unternehmen gründen, 6. Auflage, Redline, München

Sapolsky, Robert M. (2018): **Behave** – The Biology of Humans at Our Best and Worst, 1. Auflage, Penguin LCC US, New York

Sharma, Robin (2018): **The 5am Club** – Own Your Morning. Elevate Your Life, 1. Auflage, Harper Collins, New York

Strelecky, John (2007): **Das Café am Rande der Welt,** 58. Auflage, dtv, München

Strelecky, John (2009): **The Big Five for Life,** 35. Auflage, dtv, München

Strelecky, John (2019): **Wiedersehen im Café am Rande der Welt** – Eine inspirierende Reise zum eigenen Selbst, 4. Auflage, Aspen Light Publishing, Windermere

Strelecky, John (2020): **Auszeit im Café am Rande der Welt** – Eine Wiederbegegnung mit dem eigenen Selbst, 1. Auflage, Aspen Light Publishing, Windermere

Strelecky, John (2022): Überraschung im Café am Rande der Welt – Eine Erzählung vom Suchen und Finden, 1. Auflage, Aspen Light Publishing, Windermere

Tracy, Brian (2021): Millionen schwere Gewohnheiten, 1. Auflage, ABP, Limassol

Tracy, Brian (2021): Nicht labern, machen!, 1. Auflage, ABP, Limassol

Ury, William (2014): Getting Past No – Negotiating With Difficult People, 1. Auflage, Random House UK Ltd., London

Van Edwards, Vanessa (2022): Cues – Small Signals, Incredible Impact, 1. Auflage, Penguin LCC US, New York

Voss, Chris (2017): Never Split the Difference, 1. Auflage, Random House UK, London

Walker, Campbell (2021): Your Head is a Houseboat – A Chaotic Guide to Mental Clarity, 1. Auflage, Hardie Grant, London

WEBSITES

49 interessante Instagram-Statistiken, https://www.brandwatch.com/de/blog/instagram-statistiken/, 21.12.22

AECdisc Potenzialanalyse, https://www.aec-disc.de, 21.12.22

Datenmassen: So viele Daten produzieren wir jährlich, https://www.moneycab.com/it/datenmassen-so-viele-daten-produzieren-wir-jaehrlich/ 21.12.22

Definition «Tracker», https://dictionary.cambridge.org/dictionary/english/tracker, 21.12.22

Die 16 Lebensmotive nach Steven Reiss, https://www.reiss-profile-ausbildung.de/reiss-profile-was-ist-das/die-16-lebensmotive-nach-steven-reiss/, 21.12.22

Drei wissenschaftlich nachgewiesene Verknüpfungen zwischen handgeschriebenen Notizen und Erinnerungsvermögen, https://redbooth.com/de/blog-de/per-hand-schreiben-und-behalten, 21.12.22

Eisenhower-Matrix, https://de.wikipedia.org/wiki/Eisenhower-Prinzip, 21.12.22

Europäische Zentralbank – Vorgabe der Inflationsrate, https://www.ecb.europa.eu/ecb/tasks/monpol/html/index.de.html, 21.12.22

Hedonistische Adaptation, https://www.sciencedirect.com/topics/psychology/hedonic-adaptation, 21.12.22

MSCI World Index Renditedreieck, https://de.extraetf.com/news/etf-news/was-ich-vom-renditedreieck-uebers-investieren-gelernt-habe, 21.12.22

Multitasking: Switching costs, https://www.apa.org/topics/research/multitasking, 21.12.22

Myers-Briggs-Typenindikator, https://de.wikipedia.org/wiki/Myers-Briggs-Typenindikator, 21.12.22

Notizen: Lieber schreiben als Tippen, https://blog.neuronation.com/de/notizen-lieber-schreiben-als-tippen/, 21.12.22

Prognose zur Anzahl der täglich versendeten und empfangenen E-Mails weltweit von 2021 bis 2026, https://de.statista.com/statistik/daten/studie/252278/umfrage/prognose-zur-zahl-der-taeglich-versendeter-e-mails-weltweit/, 21.12.22

YouTube Statistiken, https://www.oberlo.de/blog/youtube-statistiken, 21.12.22

Entdecke
weitere Bücher in unserem
Online-Shop

www.remote-verlag.de

Printed in Germany
by Amazon Distribution
GmbH, Leipzig